Ing. (grad.)
Heinz Becker

# Verkaufen für Ingenieure und Techniker

Der beratungsintensive Verkauf
technischer Produkte
an industrielle Verbraucher

2. Auflage

 VOGEL Buchverlag Würzburg

Heinz Becker

Ingenieur (grad.) Elektrotechnik, Dipl.-Psych.; mehrjäh-
rige Praxis im Außendienst und in der Verkaufsleitung
von Unternehmen verschiedener Sparten des Investitionsgütergeschäfts. Studium der Psychologie an der
Universität Hamburg. Seit 1973 freiberuflicher Trainer
für Verkaufsingenieure und technische Verkäufer.

CIP-Kurztitelaufnahme der Deutschen Bibliothek

**Becker, Heinz:**
Verkaufen für Ingenieure und Techniker: d. beratungsintensive Verkauf techn. Produkte an industrielle Verbraucher. — 2. Aufl. — Würzburg: Vogel, 1978 (unv. Nachdruck 1987)
(Kamprath-Reihe: Wirtschaft)
ISBN 3-8023-0106-4

ISBN 3-8023-0106-4
2. Auflage. 1978 (unveränderter Nachdruck 1987)
Printed in Germany
Copyright 1976 by Vogel-Buchverlag Würzburg
Herstellung: Vogel-Druck Würzburg

# Vorwort

Dieses Buch wendet sich an Ingenieure und Techniker, die technische Produkte an industrielle Verbraucher verkaufen. Es beschreibt die Situationen im beratungsintensiven Verkaufsgespräch, gibt taktische und methodische Hilfen, analysiert die auftretenden Probleme und bietet dafür Lösungsmöglichkeiten an. Damit ist es nicht nur für den Verkaufsingenieur selbst von Nutzen, sondern hilft auch dem Verkaufsinnendienst, dem Produktmanagement, der Verkaufsförderung und nicht zuletzt der Verkaufsleitung, das Geschehen „draußen an der Front" realistisch einzuschätzen.

Ein Ingenieur kann hier theoretisch verkaufen lernen, wichtige psychologische Zusammenhänge erkennen und sich so in die Lage versetzen, dieses Wissen mit Hilfe des Buches als Nachschlagewerk in der Praxis zu nutzen. Die charakterliche Prägung des Verkäufers — sein sogenanntes Kommunikations- und Konfliktverhalten — setzt allerdings die Grenze dessen, was ein Buch bewirken kann.

Die im vorliegenden Buch zusammengefaßten Lerninhalte sind das Ergebnis jahrelanger Studien des Autors, seiner eigenen Erfahrungen als Verkaufsingenieur und den zahlreichen Anregungen aus dem Teilnehmerkreis seiner Trainingskurse. Es unterscheidet sich in seinen Grundauffassungen zum Teil wesentlich von denen des Markenartikelgeschäfts und wird so auf praktisch alle Bereiche des technischen Verkaufs anwendbar.

Hamburg                                                                     *Heinz Becker*

# Inhaltsverzeichnis

# Einführung

Lange Zeit meinte man, Verkauf ist Verkauf, und warf Markenartikel und Investitionsgüter in einen Topf. Doch im Gegensatz zum Markenartikel, der hauptsächlich wegen seiner in der Werbung suggerierten psychologischen Produktbestandteile (Jugendlichkeit, Prestige, Beliebtheit...) gekauft wird, erfolgt der Kauf von Investitionsgütern nach einem meist umfangreichen Beratungskomplex, in dem einerseits Fakten zählen und andererseits das affektive Verhalten des Verkäufers eine wichtige Rolle spielt. Diesen Unterschied im Auge, konzentriert sich das vorliegende Buch ausschließlich auf die besonderen Erfordernisse des beratungsintensiven Verkaufs technischer Produkte an industrielle Verbraucher.

Ingenieure und Techniker sind es vor allem, die hier den Beruf des Verkäufers ausüben, freilich mit den unterschiedlichsten Titeln: Verkaufsingenieur, Produktberater, Repräsentant, Reisender usw. Der Einfachheit halber wird in diesem Buch nur schlicht vom „Verkäufer" gesprochen. Auch wenn das Verkaufsgespräch vom Spezialisten aus dem Stammhaus (Produktmanager, Verkaufsförderer...) geführt wird, nimmt dieser eigentlich nichts anderes als eine Verkäuferfunktion wahr.

Das Gespräch mit dem Kunden ist die entscheidende Phase aller Absatzbemühungen. Der meist schlagartige Umsatzrückgang in einem Teilmarkt beim Ausfall des zuständigen Verkäufers beweist diese These oft genug. Es empfiehlt sich infolgedessen, den Blick auf diese wichtigste aller Verkaufsfunktionen zu richten, wenn die Absatzbemühungen gesteigert werden sollen: Verkaufsförderung und Werbung müssen mit dem Gespräch beim Kunden harmonieren; die Produktschulung soll auf das

gleiche Ziel gerichtet sein. Die Unterstützungsmaßnahmen der Zentrale dürfen folglich nicht „am grünen Tisch" entstehen, sondern müssen vom Verständnis für den Verkäufer draußen im Markt ausgehen. Hierfür gibt dieses Buch einen Einblick in die Außendienstfunktion und fördert so das gegenseitige Verstehen von „innen" und „außen".

Während lange Zeit in allen Bereichen des technischen Verkaufs Kaufleute, vor allem mit dem Berufsabschluß „technischer Kaufmann" dominierten, zeigt sich mittlerweile ein anderes Bild: Der „Nur-Kaufmann" wird mehr und mehr von Ingenieuren und Technikern verdrängt. Diese Entwicklung wurde durch den immer schneller werdenden technischen Fortschritt erzwungen. Ein Kunde, der Investitionsgüter kauft, muß sich heute mehr denn je mit komplizierten technischen Alternativen auseinandersetzen: technische Fakten lernen und bewerten. War die Arbeit des Verkäufers früher primär auf das Anknüpfen „freundschaftlicher" (Zweck-)Kontakte gerichtet, so muß sie heute mehr auf den möglichst lückenlosen Austausch fachlicher Informationen zielen. Diesem Buch liegt deshalb die Auffassung zugrunde, daß der Verkauf technischer Produkte einem gegenseitigen **Lernprozeß** von Kunde und Verkäufer gleichkommt: Der Verkäufer *lernt* das Kundenproblem von allen Seiten und *lehrt* den Kunden dann die Möglichkeiten seines Angebotes. Die Analogien zwischen dem Verkaufsgespräch einerseits und der Lehrtätigkeit in der Erwachsenenbildung andererseits sind tatsächlich verblüffend. Die lernhemmenden Mechanismen des psychischen Apparates folgen in der Pädagogik wie im Verkaufsgespräch den gleichen Gesetzen. So liegt es nahe, dem Verkäufer sozialpsychologische Erkenntnisse der Pädagogik verfügbar zu machen, soweit es für seine Arbeit sinnvoll ist. Unterdessen hat der Verkäufer in der Gesellschaft einen zweifelhaften Ruf: Durch gespielte kumpelhafte Freundlichkeit schmeichelt er sich bei seinen „Opfern" ein und übervorteilt sie dann mit seiner Überredungskunst. Verkäufer haben etwas mit Konsumterror zu tun und können andere Menschen manipulieren. Vom Verkäufer zum Schwindler ist nur ein Schritt.

Dieses Bild, an der Haustür und im Supermarkt leider oft Wirklichkeit, trifft auf den technischen Verkauf zwar nicht zu, ist aber wohl die Hauptursache dafür, daß überall ein Mangel an Technikern besteht, die diesen in Wahrheit interessanten und überdies gut bezahlten Beruf ausüben wollen. Mancher in seiner Funktion unzufriedene Konstrukteur oder Entwicklungsingenieur scheut den Schritt in den Verkauf, weil er sich nicht aufs „Glatteis" begeben will, nicht wissend, daß auch beim Verkäufer alles mit rechten Dingen zugeht.

Denn ein Verkäufer braucht nicht die (unerklärliche) „Gabe", andere Menschen beeinflussen zu können („Kunst" des Verkaufens), weil in den Beziehungen zwischen Kunde und Verkäufer nichts Übernatürliches mehr ist, nichts was unerklärlich wäre. Die „Entmythologisierung" des Verkaufs ist überfällig. Dieses Buch will dabei helfen, Zusammenhänge zu erhellen, Vorurteile abzubauen und die zum Erfolg führenden Wege sachlich erklären.

Von welchen Bedingungen hängt denn der **Erfolg** eines Verkäufers ab? An erster Stelle muß da die Leistungsfähigkeit des Unternehmens genannt werden, das er vertritt. Lieferprogramm, Dienstleistungen, Preis, Marktpotential, Wettbewerb und Bekanntheitsgrad setzen für den Verkäufer die obere Grenze, über die er nicht hinauswachsen kann. Hauptsächlich sind es dann drei Faktoren, die bestimmen, wie weit er an diese Grenze vorstößt:

## Die Produkt- und Anwendungskenntnisse des Verkäufers

Der Verkäufer muß nicht nur das eigene Produkt mit seinen Eigenschaften und Funktionsweisen genau kennen, er muß sich auch in die verschiedensten Anwendungsprobleme, die im Markt auftreten, einarbeiten können. Deshalb sollte sein Wissen in die Breite gehen, ohne gleichzeitig oberflächlich zu sein. Denn je besser er fachlich Bescheid weiß, desto kompetenter ist seine Beratung und um so größer sein Verkaufserfolg. Ein guter technischer Verkäufer ist also notwendigerweise erst einmal ein guter Techniker. Nur in wenigen, besonders gelagerten Fällen sollte er den Experten aus dem Stammhaus (Produktförderer, Produktmanager ...) hinzuziehen müssen. Ferner gehören gute Kenntnisse der Wettbewerbsprodukte dazu.

## Der Energieeinsatz des Verkäufers

Wie weit ein Verkäufer Zeit und Energie auf seine Arbeit verwendet, ist natürlich auch mitentscheidend für seinen Erfolg. Neben die individuelle Leistungsbereitschaft des einzelnen tritt am besten eine erfolgsabhängige Bezahlung. Einem Verkäufer, der um 15.00 Uhr überlegt, ob er noch einen Kunden besuchen oder die Heimreise antreten soll, fällt die Entscheidung für den Kundenbesuch leichter, wenn er selbst davon profitiert.

## Das Kommunikations- und Konfliktverhalten des Verkäufers

Wie sich der einzelne Verkäufer verhält, wenn er mit anderen Menschen Informationen austauscht (= kommuniziert) oder Konflikte austrägt, ist der letzte wichtige Bestandteil seiner Erfolgswahrscheinlichkeit. Bei den hier angesprochenen zwischenmenschlichen Dimensionen geht es aber nicht, wie vielfach geglaubt wird, darum, daß bestimmte Fähigkeiten, wie Kontaktfreudigkeit und „Redenkönnen" besonders stark ausgeprägt sind, sondern darum, daß sie *normal* entwickelt sind. Gefragt ist nicht der „besondere Mensch", sondern der psychisch gesund entwickelte.

Auf den letzten Punkt konzentriert sich dieses Buch, indem es die Situationen im beratenden Verkaufsgespräch beschreibt, auftretende Probleme analysiert und Lösungsmöglichkeiten anbietet. Dabei geht es in der zeitlichen Folge eines Verkaufsprojektes vor, von der Vorbereitung bis zum Kaufabschluß, ja, bis zur Lieferverzögerung und zur Reklamation.

Kapitel 1 vermittelt ein taktisches Konzept, das praktisch allen Verkaufsverhandlungen zugrunde gelegt werden kann. Dabei werden die später verwendeten Hauptbegriffe

definiert und die gesamte Verkaufsarbeit in voneinander getrennte Abschnitte gegliedert.

Jeder dieser Abschnitte wird in den Kapiteln 2 bis 11 gleichsam unter der Lupe betrachtet und auf die enthaltenen Schwierigkeiten hin untersucht.

Für den am Selbststudium interessierten Leser bietet der Anhang ein Frage-Antwort-Spiel, mit dem er sein Wissen testen und noch vorhandene Schwachstellen aufdecken kann. Ferner sind im Anhang die im Text herausgearbeiteten Stichworte noch einmal zusammengefaßt.

# 1. Taktische Fragen

## 1.1. Ein taktisches Konzept

Ein Verkaufsvorgang ist ein äußerst komplexer Prozeß. Das trifft ganz besonders für den beratenden Verkauf von Investitionsgütern und technischen Konsumartikeln zu, in dem sich technische Fragen, persönliche Eitelkeiten, Abwicklungs- und Verwaltungsfragen, Zufälligkeiten des Gesprächsablaufs und viele andere Aspekte mischen. So sehen viele Verkäufer ihren Beruf als eine nicht zu ordnende Vielfalt von Aktivitäten, die nur durch angeborene Intuition zu bewältigen sei, und sie sprechen dann vielfach von der „Kunst des Verkaufens".

Es ist indes eine gesicherte Tatsache, daß der Mensch — auch der „Künstler" — in komplexen Situationen, wie es beratende Verkaufsgespräche nun einmal sind, unsystematisch reagiert. Unsystematische Reaktionen sind aber schlechte Voraussetzungen, um ein Produkt mit maximaler Wirksamkeit zu präsentieren.

Um die Beratungsarbeit zu verbessern, müssen wir also zunächst die Vielfalt der verkäuferischen Aktivitäten klar definieren und systematisieren. Wir wollen die Struktur des beratenden Verkaufsgesprächs erkennen, damit wir wissen, wie wir unsere Schritte ordnen können. Erst dann ist ein taktisch kluges Verhalten möglich, ein in den Mitteln überlegtes, planvolles, auf ein Ziel gerichtetes Handeln.

Welche Ordnungsbegriffe können wir bei der Formulierung des taktischen Konzepts gebrauchen? Wir könnten z.B. von administrativen Gesichtspunkten ausgehen und die Reihenfolge Aquisition, Anfrage, Angebot, Demonstration, Angebotsverfolgung, usw. beschreiben. Eine weitere Möglichkeit ergäben die vom Verkäufer ausgeübten Tätigkeiten wie Telefonieren, Demonstrieren, Fragen... In diesem Buch wollen wir einen anderen Weg gehen: Wir unterteilen die Überzeugungsarbeit in Ziele. Hauptziel ist der Kaufabschluß, das „ja" des Kunden zu unserem Vorschlag. Dieses Hauptziel des Verkaufsvorgangs zerlegen wir in **Teilziele**, die zeitlich aufeinander folgen, so daß wir einen roten Faden gewinnen, nach dem wir unsere Beratungsarbeit ordnen.

So ist unser Handeln in jeder Phase des Gesprächs zielorientiert. Wir tasten nicht mehr, versuchen nicht mehr mal dies, mal jenes, sondern operieren aktiv. Jedes auftretende Gesprächsproblem können wir strukturiert erfassen und methodisch angehen.

Vom Suchen und Probieren kommen wir so zur methodischen Arbeit. Die „Schlacht der Argumente" wird zu einem rationalen Prozeß systematisiert. Die Erfolgswahrscheinlichkeit eines Verkäufers steigt, wenn er diesen Prozeß versteht.

Wie sieht nun das **taktische Konzept** aus? Anhand der grafischen Darstellung in Bild 1.1, das die Schrittfolge des Verkäufers zeigt, wollen wir untersuchen, woraus unsere Teilziele bestehen. Die nun folgende Beschreibung ist also immer im Zusammenhang mit Bild 1.1 zu lesen. Die dabei auftauchenden Hauptbegriffe *(kursiv gesetzt)* bilden gleichzeitig die Überschriften der späteren Kapitel, in denen dann auf die jetzt angeschnittenen Probleme und Fragen näher eingegangen wird. Nun also die strukturelle Übersicht:

Eine gute *Vorbereitung* trägt wesentlich dazu bei, daß die Arbeit beim Kunden erfolgreich verläuft. Darum ist es am Anfang wichtig, alle Ideen und Mittel bereitzustellen, die wir später beim Kunden brauchen.

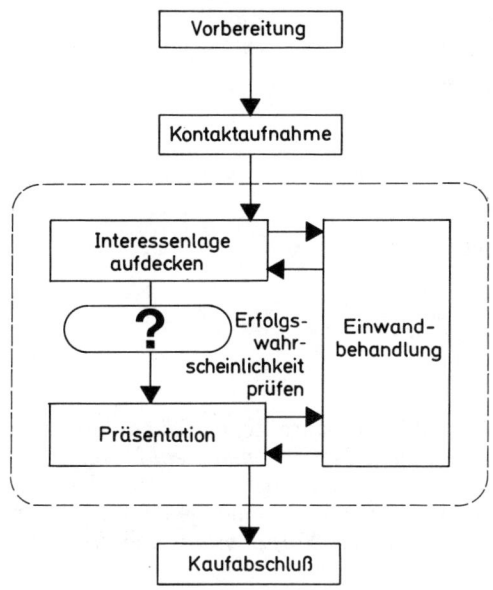

Bild 1.1   Das taktische Konzept

gefärbt wird. Die Investitionsentscheidung ist weitgehend objektivierbar, die menschlichen Besonderheiten führen jedoch zu unterschiedlichen Wertungen.

Der Schritt *Interessenlage aufdecken* verfolgt darum erst einmal unser Teilziel, den Kunden bezüglich seines Investitionsproblems und dessen menschlicher Färbung zunächst nur so gut wie möglich zu verstehen. Dieses Verständnis ist die Grundlage einer optimalen Präsentation.

Wir kennen unser Produkt und dessen Anwendungsmöglichkeiten. Wenn wir auch unseren Wettbewerb kennen (der Kunde kennt ihn sicher), sind wir nun in der Lage, zu entscheiden: Haben wir bei diesem Kunden angesichts der jetzt bekannten Interessenlage größere oder geringere Erfolgswahrscheinlichkeit? Lohnt sich die Mühe überhaupt, lohnt es sich, hier zu arbeiten oder ist unsere Zeit woanders besser angelegt? Wir *prüfen* die *Erfolgswahrscheinlichkeit*.

„Bis zum letzten Blutstropfen kämpfen und notfalls mit fliegenden Fahnen untergehen", das mag ehrenvoll sein, wirtschaftlich ist es nicht.

Erst wenn wir soweit sind, und die Frage nach der Erfolgswahrscheinlichkeit positiv beantwortet haben, greifen wir zu unserem Produkt und beginnen die *Präsentation*. Wir zeigen es nun aber nicht „in den schillerndsten Farben von allen Seiten", sondern so, daß der Kunde es angesichts seiner speziellen Interessenlage als ideale Lösung seiner Probleme begreift. Dies ist vor allem ein didaktisches Problem, das wir spontan lösen müssen. Hier entscheidet also nicht „Gutreden-Können", sondern Verständlichkeit, Einprägsamkeit, Beweiskraft.

Diese Phase des Verkaufsgesprächs ist die „Lernphase" des Kunden. Schließlich wird in der Stufe *Präsentation* der Preis „durchgesetzt".

Bevor wir präsentierten, verhielten wir uns in der Stufe *Interessenlage aufdecken* bewußt defensiv, „auf Empfang geschaltet" (Lernphase des Verkäufers). Um dieses Verhandlungskonzept „aus der Defensive heraus" zu verwirklichen, brauchen wir Ge-

Dann sind wir gerüstet für die *Kontaktaufnahme,* den nächsten, noch vorbereitenden Schritt. Werbebrief und telefonische Terminvereinbarung sind die Instrumente, die wir einsetzen können und die schließlich zum „Moment der Begegnung" mit unserem späteren Gesprächspartner führen. Unser Teilziel *Kontaktaufnahme* haben wir dann erreicht.

Nun treten wir ein in die Wechselbeziehung mit dem Kunden, die uns vor ungleich größere Schwierigkeiten stellt. Viele Verkäufer fallen sofort mit der Tür ins Haus. Ohne gründlich über die Probleme des Kunden informiert zu sein, greifen sie zu ihrem Produkt, schildern es in den schillerndsten Farben und stellen es in den Mittelpunkt des Gespräches. Dieser Schritt ist jedoch taktisch nicht klug.

Denn wer kauft, handelt nach seiner Interessenlage. Die Interessenlage besteht aus dem sachlichen Fragenkomplex einer Investitionsentscheidung, der durch die persönliche Motivation des Kunden (z.B. ein stark ausgeprägtes Sicherheitsbedürfnis) noch

13

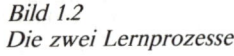

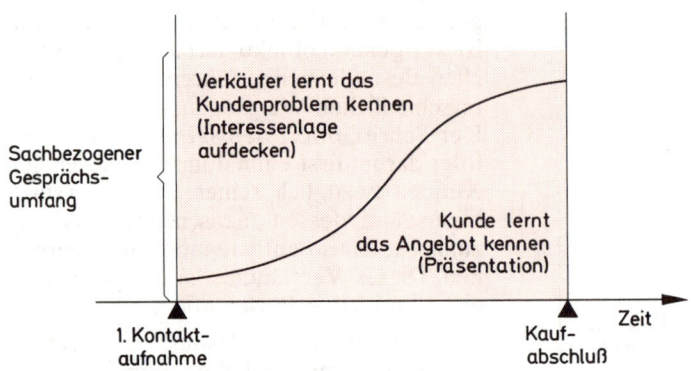

Sachbezogener
Gesprächs-
umfang

Verkäufer lernt das
Kundenproblem kennen
(Interessenlage
aufdecken)

Kunde lernt
das Angebot kennen
(Präsentation)

Zeit

1. Kontakt-
aufnahme

Kauf-
abschluß

sprächswerkzeuge, die helfen, die „Störgröße Käufer" im Griff zu behalten. Methoden der *Einwandbehandlung* helfen uns dabei:

Ein zentrales Problem des Verkaufs sind Meinungsverschiedenheiten über technische Fragen.

— Wie kann man im Gespräch Aggressivität schon in ihrer Ursache als solche erkennen?

— Wie setzt man seinen Standpunkt durch, ohne das Geltungsbedürfnis des Gesprächspartners zu beeinträchtigen?

Vorwände und Schutzbehauptungen dienen dazu, den Verkäufer irrezuführen, die eigene Unabhängigkeit zu wahren und Schwächen zu verbergen.

— Wie kann man Schutzbehauptungen erkennen und wie ist ihnen zu begegnen?

Nachdem der Kunde überzeugt ist, geht es uns in der Stufe *Kaufabschluß* nur noch darum, daß er sich zu unserem Angebot bekennt. Er soll bei uns im Wort sein. Das macht ihm eine mögliche spätere Änderung seiner Kaufentscheidung schwerer.

An dieser Stelle ist der Einwand berechtigt, Verkaufsgespräche führten praktisch nie in einem Gespräch von der Kontaktaufnahme direkt zum Kaufabschluß. Dies ist im technischen Verkauf auch nur selten der Fall, aber die einzelnen Stufen des taktischen Konzepts müssen nicht in einem Arbeitsgang aufeinanderfolgen. Die Durchführung eines Verkaufsvorgangs nach diesem Konzept kann, wie es eben oft vorkommt, über

Monate und Jahre gehen. Dabei kann z.B. der Schritt *Interessenlage aufdecken* mehrere Besuche, ja, auch Korrespondenz erfordern, wobei allerdings jeder Besuch mit den Schritten *Vorbereitung* und *Kontaktaufnahme* beginnt.

Schließlich ist die saubere Trennung von *Interessenlage aufdecken* und *Präsentation* ein weiterer Punkt, der in der Praxis nicht so scharf auftritt, wie in der grafischen Darstellung des taktischen Konzeptes. Es ist ja unvermeidlich, schon während der Analyse des Kundenproblems Produkteigenschaften „durchblicken zu lassen". Bild 1.2 illustriert, welches Verhältnis zwischen „Geben" und „Nehmen" von Informationen im zeitlichen Verlauf des Verkaufsprojektes der Verkäufer jeweils anstreben sollte. (Diese Darstellung ist eigentlich realistischer als die Trennung von Interessenlage aufdecken und Präsentation in Bild 1.1, jedoch nicht so gut geeignet, den Gesamtvorgang des Verkaufsgespräches darzustellen.) Für den Verkäufer ist es jedenfalls wichtig zu wissen, was er gerade tut, ob er auf „Sendung" (Präsentation) oder auf „Empfang" (Interessenlage aufdecken) arbeitet, und dies nicht zufällig, sondern bewußt.

Es ist sicher leicht festzustellen, daß sich das für den Verkaufserfolg entscheidende Handeln innerhalb der gestrichelten Linie in Bild 1.1 abspielt. Dieser Komplex, bestehend aus *Interessenlage aufdecken*, *Präsentation* und *Einwandbehandlung* bildet den Kern der verkäuferischen Arbeit.

Drei Faktoren sind es, die die „glatte Bewältigung" dieser Arbeit ungeheuer erschweren.

1. Dieser Teil spielt sich unter Einflußnahme des Kunden ab. Wir können die Rechnung nicht ohne den Wirt machen.

2. Der Verkäufer hat sich in den Situationen seiner bisherigen Arbeit eine Reihe von Methoden angeeignet, die den in diesem Buch beschriebenen Wegen manchmal diametral entgegengesetzt sein mögen. Wenn Sie aus diesem Buch nutzen ziehen wollen, dann ist also Ihre Bereitschaft nötig, alte Angewohnheiten in Frage zu stellen, um neue erfolgversprechendere Verhaltensweisen einzuüben.
Vom Wissen zum Tun kommen Sie aber nur (nur!) durch **Übung**.

3. Die meist unterentwickelte **Kommunikations- und Konfliktfähigkeit** eines Verkäufers ist ein Resultat seiner jahrzehntelangen Sozialisation (= des Wachstumsprozesses des einzelnen in und durch die Gesellschaft) und damit Bestandteil seiner persönlichen Identität. Über den Weg theoretischer Wissensvermittlung läßt sich aber persönliches Wachstum nicht bewirken. Ein Buch vermag nur Einsichten, nicht aber neue Erfahrungen zu vermitteln.

Mancher Leser mag vielleicht die Notwendigkeit einer Gesprächsstrukturierung als selbstverständlich belächeln. Darum möchte ich ein Spiel vorschlagen, das einen Teilaspekt des bisher Gesagten illustriert. Um diese etwas spielerische Aufgabe zu lösen, bitte ich Sie, mir in Ihrer Phantasie zu folgen:

Denken Sie an einen Ihrer Bekannten: Er ist Raucher und Benutzer eines alten Benzinfeuerzeuges. Stellen Sie sich bitte vor, Sie sitzen ihm in einem Café gegenüber. Die Aufgabe, die Sie nun gedanklich lösen sollen, lautet so:

> Bringen Sie Ihren Freund dazu, in Zukunft Streichhölzer zu benutzen.
> Wie fangen Sie es an?

Überlegen Sie. Was fällt Ihnen beispielsweise zu Streichhölzern ein? Denken Sie nach, und lassen Sie sich dafür einige Minuten Zeit. Lesen Sie erst dann weiter.

Haben Sie sich für einen Weg entschieden? Haben Sie Vorteile gefunden, die Streichhölzer gegenüber dem alten Feuerzeug auszeichnen? Wollen Sie mit dem Argument kommen, das Streichholz sei geschmacksneutral, funktioniere immer, mache die Taschen nicht kaputt oder etwas dergleichen? Ja? Falsch! Oder dachten Sie zuerst daran, das alte Feuerzeug schlecht zu machen: daß es nicht zuverlässig sei, ständig nachgefüllt werden müsse, stinke usw.? Auch falsch! Denn so waren Sie spontan auf „Sendung" eingestellt. Richtig wäre es gewesen, den Freund zunächst konsequent darüber zu befragen, warum er denn überhaupt ein Feuerzeug benutze, woher er es habe, wie es funktioniere, ob er zufrieden sei usw., kurz, auf „Empfang" zu schalten und seine Interessenlage zu erkunden. Denn vielleicht ist sein Feuerzeug ja das Geschenk eines Freundes, an dem er sehr hängt. Dann wäre der Versuch, ihn zu Streichhölzern zu bewegen, von vornherein zum Scheitern verurteilt.

Ich stelle in meinen Trainingskursen immer wieder fest, daß die taktische Schrittfolge, sich zuerst um die Probleme und Interessen des anderen zu kümmern und dann erst zu „verkaufen", so selbstverständlich es sich anhört, nur von wenigen Verkäufern praktiziert wird. Wie geht es da Ihnen?

## 1.2.  Sonderfall: Werbebesuch

Bei einem **Werbebesuch** (z.B. der erste Besuch bei einem neuen Kunden) liegt meist kein konkretes Kundenproblem vor, so daß es keine Interessenlage aufzudecken gibt. Kunden sind normalerweise auch nicht bereit, einem Verkäufer umfangreiche Auskünfte zu geben, wenn sie seine Person und das Unternehmen, das er vertritt, nicht wenigstens in Umrissen kennen. Der erste Besuch des Verkäufers bei einem neuen Kunden kann also nicht nach unserem taktischen Konzept abgewickelt werden. Wie dann?

Ein Kunde erwartet vom ersten Besuch eines fremden Verkäufers wohl Antwort auf diese zwei Fragenkomplexe:

1. Was ist das für eine Person? Wie kann ich mit ihr umgehen?
2. Was kann er bzw. sein Unternehmen mir bieten?

Der Verkäufer stellt unbewußt ganz ähnliche Fragen:

1. Wie kann ich den Kunden nehmen? Wie verhält er sich zu mir?
2. Wie sieht sein Aufgabengebiet im einzelnen aus? Auf welche Besonderheiten

werde ich treffen? Hat er vielleicht sogar aktuelle Probleme für mich?

Eine besondere Schwierigkeit besteht nun darin, daß das wichtigere menschliche Kennenlernen im Gespräch nicht thematisiert werden kann. Es muß nebenbei erfolgen, gleichsam zwischen den Zeilen der gegenseitigen Sachfragen. So vollzieht sich ein Werbebesuch am besten in dieser Schrittfolge:

1. Telefonische Terminvereinbarung
2. Begrüßung
3. Verkäufer stellt die Möglichkeiten seines Unternehmens vor (Lieferprogramm, Service usw.)
4. Kunde erzählt von seinem Unternehmen, seinem Aufgabengebiet, ggf. von aktuellen Problemen ...
5. Vereinbarungen irgendwelcher Art (Wiederbesuch od. ähnl.)

Soviel zur Schrittfolge. Wie dies alles im einzelnen geschehen kann, werden wir in den späteren Kapiteln untersuchen.

## 1.3. Besuchshäufigkeit und Besuchsplanung

Zuweilen messen Verkaufsleitungen die Mitarbeiter im Außendienst an der Zahl ihrer Besuche pro Woche: Durch Kontrollen und Vergleiche mit „viel fleißigeren" Kollegen üben sie so einen starken Druck aus, der manchen Verkäufer in innere Konflikte führt und ihn zur Abgabe falscher Besuchsberichte verleiten kann. Sicher ist die Besuchshäufigkeit eine wichtige Zahl, die in mittelbarem Zusammenhang zum Umsatz steht. Andererseits kann sich ein undifferenziertes, auf reine Besuchszahlen gerichtetes Handeln auch schädlich auswirken, wie wir im einzelnen in den Kapiteln über Vorbereitung und Vereinbarung von Terminen noch sehen werden. An dieser Stelle wollen wir lediglich die taktische **Planung** der Kontakttätigkeit (Besuch *und* Telefon) behandeln. Lassen Sie uns das am Beispiel eines Verkäufers tun, der besonderes vor Sonne schützendes Flachglas, sogenanntes Sonnenreflexionsglas, verkauft.

Dazu vorher noch eine Bemerkung: Dieses Beispiel ist nur auf solche Verkäufer direkt übertragbar, die ein ähnlich projektorientiertes (wie hier an einen Neubau gekoppeltes) Geschäft betreiben. Verkäufer von elektronischen Bauelementen beispielsweise, die also einen regelmäßigen Bedarf decken, werden es nur zum Teil nutzen können.

Zur leichteren Auswertung des Beispiels dienen die Bilder 1.3 und 1.4, in denen über der Zeit der „Lernerfolg des Kunden" aufgetragen ist, das Maß seiner Vertrautheit mit dem Angebot unseres Flachglasverkäufers.

Betrachten wir zunächst Bild 1.3 und verfolgen die Geschichte von Anfang an: Ein Bautennachweis liefert die Information, daß Firma X ein neues Verwaltungsgebäude errichten will (1). Unser Verkäufer ermittelt telefonisch den zuständigen Architekten und ruft diesen an (2). Für den Architekten kommt der Verkäufer eigentlich viel zu früh, weil seine Gedanken sich noch intensiv mit den Ausschachtungsarbeiten beschäftigen.

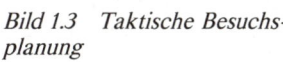

*Bild 1.3    Taktische Besuchsplanung*

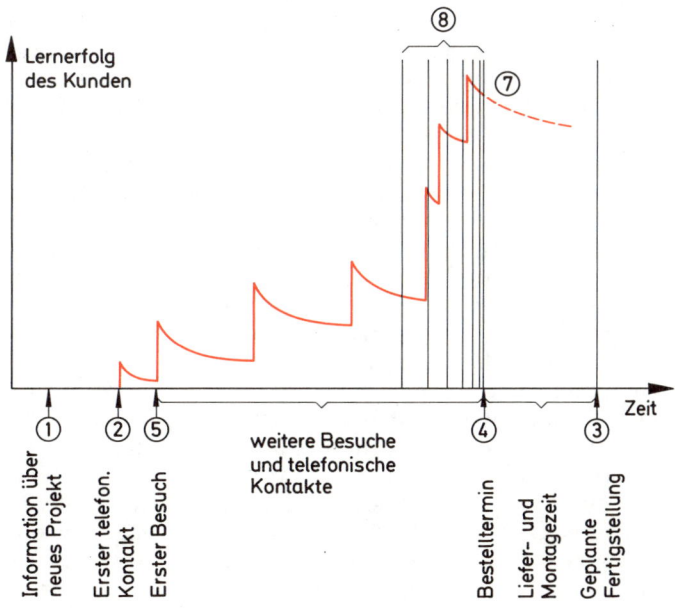

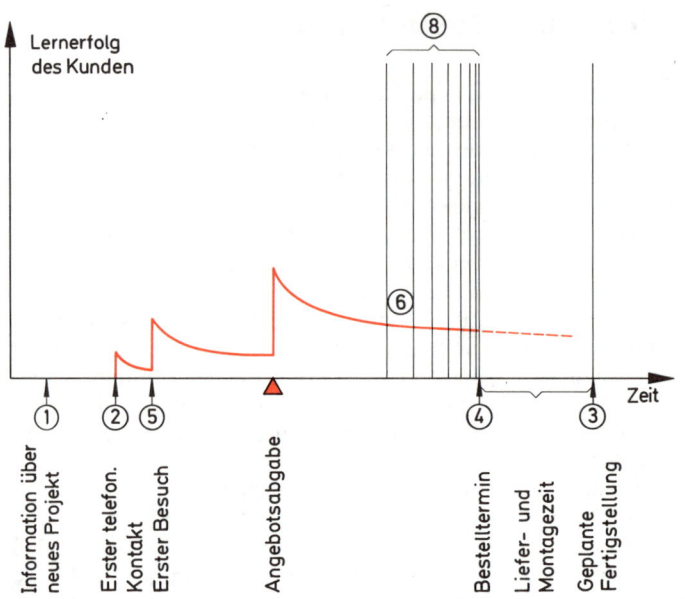

Lernerfolg
des Kunden

⑧

⑥

Zeit

① Information über neues Projekt

② Erster telefon. Kontakt

⑤ Erster Besuch

Angebotsabgabe

④ Bestelltermin

Liefer- und Montagezeit

③ Geplante Fertigstellung

*Bild 1.4   Die Folgen falscher Besuchsplanung*

So teilt er dem Verkäufer den geplanten Fertigstellungstermin mit (3), um auszudrücken, wie weit weg die Fragen nach der Verglasung noch sind. Dennoch stimmt der Architekt dem Verkäufer zu, als dieser einen ersten Besuchskontakt vorschlägt, kann er sich doch auf diese Weise ein Angebot beschaffen, das er später als Grundlage der Ausschreibungsunterlagen verwenden will. Unser Flachglasverkäufer errechnet unterdessen aus dem geplanten Fertigstellungstermin und der Liefer- und Montagezeit den wahrscheinlichen Bestelltermin (4). Bei seinem ersten Besuch (5) überprüft er diese Rechnung mit der Frage: „Wann werden Sie voraussichtlich über die Flachglaslieferung entscheiden?" Überdies sammelt er auch alle anderen Fakten, die zu einer Angebotsausarbeitung erforderlich sind.

Der Architekt seinerseits bittet zum nächsten Besuch um die Unterbreitung des kompletten Angebotes. Doch an der Reaktion auf diesen Wunsch des Kunden unterscheidet sich der gute Verkäufer vom weniger guten. Lassen Sie uns darum zuerst anhand Bild 1.4 untersuchen, was man falsch

machen kann und welche Folgen sich daraus ergeben:

Schauen wir die Lernkurve an. Bei jedem Kontakt zwischen Kunde und Verkäufer lernt der Kunde ein Stück von der Person des Verkäufers und dessen Produkt — die Kurve steigt. Bis zum nächsten Kontakt hat er davon einen Teil wieder vergessen — die Kurve fällt. Wenn der Verkäufer nur seinen eigenen Lernprozeß (Interessenlage aufdecken) im Auge hat, nicht aber den des Kunden, wird er beim zweiten Besuch ein Angebot unterbreiten, in dem „alles drin steht". Der Verkäufer hat dann mit der Angebotsabgabe sein ganzes Pulver verschossen und wird nur schwer weitere Besuche begründen können — Kunde: „Ich habe ja alles schwarz auf weiß." Wirklich *gelernt* hat er bisher nur wenig, und davon wird er bis zum Bestelltermin noch das meiste vergessen (6).

Ganz anders verhält sich unser Flachglasverkäufer. Auf den Wunsch des Architekten nach einem fertigen Angebot sagt dieser etwa: „Ich werde alles soweit vorbereiten, und wenn Fragen auftauchen, kann ich mich ja an Sie wenden." Damit hält er sich die Möglichkeit offen, die Arbeitseinteilung mitzugestalten. Er wird mitbestimmen, *wann* Besprechungstermine anberaumt oder technische Einzelheiten am Telefon geklärt werden (Punkt 8 in Bild 1.3) und so dafür sorgen, daß Element für Element des Projektes gemeinsam erarbeitet wird, daß aus dem Verkaufsgespräch eine „Zusammen"-Arbeit wird (7). Der Kunde kann sich mit dem Angebot wirklich vertraut machen, und zwar ganz besonders in der Zeit vor dem Bestelltermin, in der der Verkäufer die höchste Besuchshäufigkeit plant.

Um zu gewährleisten, daß jeder Kontakt inhaltlich sinnvoll gefüllt und auch aus der Sicht des Kunden logisch begründet ist, braucht der technische Verkäufer viel Fachwissen. Oberflächliche Produkt- und Anwendungskenntnisse machen ein in solcher Weise geplantes Vorgehen unmöglich, weil es dann schlicht an Gesprächsstoff mangelt.

Darüber hinaus muß es der Verkäufer verstehen, zurückhaltend zu sein mit Fragen und Informationen, die spätere Kontakte begründen können: Nicht alles auf einmal machen wollen, warten können.

Der erfahrene Verkäufer wird wissen, wie schwierig es manchmal ist, so taktisch planend vorzugehen. Gleichwohl ist es der sicherste Weg, um in der letzten Phase, nach der Ausschreibung, wenn also Konkurrenzangebote vorliegen, eine echte Chance auf den Auftrag zu bekommen, auch dann, wenn der Wettbewerb billiger ist. Der Verkäufer, der mit dem Kunden gemeinsam den Weg gegangen ist, den die Lernkurve (Punkt 7 in Bild 1.3) darstellt, wird am Ende in eine **ernsthafte Verhandlungsposition** gelangen — nicht nur in einen Preisvergleich.

# 2.    Die Vorbereitung von Besuchen

Daß das Demonstrationsgerät funktioniert, daß Notizpapier, Visitenkarten, Illustrationsmaterial usw. bereitliegen, bedarf sicher keiner weiteren Beschreibung. Die Bereitstellung von Material ist selbstverständlich. Schlechter steht es in der Praxis meist um die Bereitstellung der Ideen. Bei der *gedanklichen* Vorbereitung hapert es, und so machen sich Verkäufer nach einem Besuch manchmal Vorwürfe, weil sie vergaßen, dieses zu fragen oder jenes zu erwähnen, weil das Gespräch ihrer Initiative entglitt und in eine ganz andere Richtung lief, als es ihre Absicht war.

Diesen Problemen können wir auf zweierlei Weise begegnen: einmal durch eine zweckmäßige Sammlung und Wertung von Produktionsinformationen und zum anderen durch die genaue Definition des jeweiligen Besuchszieles.

## 2.1.    Ziel setzen

Ziel setzen! Womit ist diese Forderung begründet?

In den vielen Gesprächen, die ich mit Verkäufern geführt habe, konnte ich feststellen, daß der folgende Arbeitsgrundsatz weit verbreitet ist: die Kunden werden, je nach wahrscheinlicher Kaufkraft, in drei oder vier Kategorien eingeteilt. Nach dieser Klassifizierung besucht der Verkäufer z.B. wichtige Kunden viermal im Jahr, normale Kunden zweimal, weniger wichtige „faßt er nur telefonisch an".

Kunden, nach diesen Richtlinien besucht, werden sich manches Mal fragen, was der Verkäufer eigentlich von ihnen wollte. Das „mal wieder vorfühlen" wird in den meisten Fällen als unangenehm empfunden, denn auch die Zeit der Kunden ist verplant und knapp.

Zwar gibt es durchaus noch Kunden, die in diesem Sinn „gepflegt" werden wollen, aber sie werden seltener und können folglich nicht zur Richtschnur herangezogen werden. In den weitaus meisten Fällen wertet eine solche Kontaktpflege die Person des Verkäufers in den Augen des Kunden ab. Damit soll nicht gesagt sein, daß Kontaktbesuche grundsätzlich keinen Sinn hätten. Vielmehr ist gemeint, Kontaktbesuche können ihren Sinn erst erfüllen, wenn sie ein Ziel haben, wenn sie *begründet* sind, und wenn der Besuchsgrund nicht ausschließlich dem *einseitigen* Kontaktwunsch des Verkäufers dient, *sondern auch den berechtigten Interessen des Kunden!*

Sich bei jedem Besuch ein Ziel zu setzen, hat für den Verkäufer noch einen weiteren wichtigen Vorteil: er verschwendet seine Kräfte nicht in Nebensächlichkeiten. Erst die Zieldefinition ermöglicht es, alle Anstrengungen in eine Richtung zu lenken, Konzentration auf das Wesentliche.

Also dem Kunden nicht folgen, wenn er sachfremde Themen anschneidet? Doch! Es wird in dem späteren Gespräch förderlich sein, wenn der Verkäufer sich spontan auf die Wünsche, Interessen und Ideen des Kunden einstellen kann. Aber erst, wenn der Verkäufer sich seines Ziels bewußt ist, machen ihn fesselnde Ablenkungen und sachfremde Einflüsse nicht mehr konfus. Er findet zurück zu seinen Absichten.

Natürlich ist es unmöglich, immer einen Kaufabschluß als einziges Ziel vor Augen zu haben. Bedienen Sie sich bei der Zieldefinition der Hilfen, die das taktische Konzept gibt. Machen Sie sich klar, welches Teilziel Sie als nächstes ansteuern müssen.

Einige Beispiele zeigen Ihnen, wie unterschiedlich Besuchsziele sein können und wie sie zu formulieren sind:

Ziel: Ich möchte
— wissen, wie der Lagerleiter über Regale denkt,
— den Betriebsleiter veranlassen, ein Probegerät zu testen,
— dem Forschungsingenieur ein neues Datenblatt erläutern,
— die Einsatzbedingungen eines Mikroschalters erkunden.

Jedes der angeführten Teilziele beginnt mit „ich möchte …" Hieran wird deutlich, daß zielgerichtetes Handeln ein Handeln nach Interessen ist. Ein Verkäufer sollte sich in dem, was er unternimmt, bewußt machen, was er damit erreichen will. Dies ist der erste Schritt, um die Zufälligkeiten im Verkaufsgeschehen abzubauen.

## 2.2. Produktinformationen sammeln und werten

Schon wenn ein Produkt nur 10 Vorteile hat, ist es unmöglich, in einer Besprechung, die die ganze Konzentration erfordert, immer an alle Vorteile zu denken. Die bestmögliche Präsentationswirkung wird aber verfehlt, wenn nicht der gesamte Nutzen des Produktes dargestellt wird.

In der Schule war das nicht anders. Wir mußten im Geschichtsunterricht eine Fülle von Daten, Namen und Ereignissen ganzer Epochen auswendig lernen, um im Moment der Klassenarbeit Bescheid zu wissen und gut abzuschneiden! Um in dieser Situation nicht zu versagen, gab es zwei Wege: lernen oder mogeln.

Es ist auch beim Verkauf jedem überlassen, welchen Weg er wählt, um die Eigenschaften der Produkte jederzeit „auf der Pfanne" zu haben. Wichtig ist nur, daß überhaupt ein Weg beschritten wird. Ich selbst habe mit dem guten alten „Spickzettel" die besseren Erfahrungen gemacht, auch wenn ich ihn nun nicht mehr raffiniert verstecken muß. Wir werden unsere Vorteile also erst einmal notieren. Hierzu wählen wir am besten die Form der tabellarischen Aufzählung. So erhalten wir eine Liste, die uns auch im weiteren Verlauf des Verkaufsprozesses nützt. Für jedes unserer Produkte werden wir später eine vollständige **Vorteilliste** in den Unterlagen haben.

Was gehört nun alles auf die Vorteilliste? Die folgenden drei Fragen können eine Hilfe sein, um keinen wichtigen Aspekt zu vergessen:

> Was kann mein Produkt mehr oder besser als das der Konkurrenz?

Solche Produkteigenschaften können im späteren Gespräch besonders wichtig sein, weil sie uns so etwas wie eine Monopolstellung geben. Wegen der großen Bedeutung dieser Merkmale wollen wir für sie einen eigenen Begriff einführen und sie *Unterscheidungsmerkmale* nennen.

> Was kann mein Produkt genauso gut wie das Konkurrenzprodukt?

Jene Eigenschaften und Merkmale unseres Produktes, die wir bei Konkurrenzprodukten auch finden, wollen wir ebenfalls schriftlich festhalten. Für den Kunden ist es ja nicht so selbstverständlich wie für uns, daß eine Reihe von Produkteigenschaften „branchenüblich" sind.

> Welche Zubehör- und Ergänzungsmöglichkeiten bietet mein Produkt?

Die meisten Investitionsgüter werden heute als Baukastensystem konzipiert. Die sich daraus ergebende Anwendungsvielfalt müssen wir beherrschen.

Für jedes Produkt sollte der Verkäufer diese drei Fragen schriftlich beantworten, und zwar im Blick auf alle wichtigen Wettbewerbsprodukte. Die so gewonnenen Vorteillisten sind eine nützliche Hilfe bei der Verkaufsarbeit. Im Verlauf der folgenden Kapitel werden wir an diese Vorarbeit anknüpfen.

# 3. Kontaktaufnahme

Wenn uns ein Kunde anruft, ein technisches Problem schildert und darum bittet, besucht zu werden, weil er dieses Problem näher mit uns besprechen will, oder er eine Gerätevorführung wünscht, dann haben wir keine Schwierigkeiten. Der Kunde ist aktiv und übernimmt die Lösung fast aller Kontaktprobleme.

Schwieriger sieht es in einem anderen Fall aus: Bei Firma Schäfer liegt im Moment kein aktueller Beschaffungsfall vor. Da Firma Schäfer aber in der Zukunft ein wichtiger potentioneller Kunde ist, wollen wir einen Besuch machen, um den Kontakt zu dem Leiter der Elektronikabteilung, Herrn Schulz, nicht abreißen zu lassen. Als Besuchsziel haben wir uns ausgedacht, ihm den neu erschienenen Katalog zu überrreichen und zu erklären.

Dies ist wohl ein schwierigeres Kontaktproblem, denn natürlich hat Herr Schulz nie viel Zeit, er macht sowieso einen etwas herrischen Eindruck, vielleicht wird er uns nicht vorlassen. Sollen wir versuchen einen Termin zu bekommen oder „überraschen" wir ihn einfach? Aber wenn wir ihn überraschen, fertigt er uns vielleicht „zwischen Tür und Angel" ab? Und was sagen wir, wenn wir ihm gegenübertreten? Vielleicht sagt er, er hätte keine Zeit und wir sollen den Katalog beim Pförtner hinterlegen. Also was tun? Gehen wir der Reihe nach vor.

## 3.1. Vereinbaren Sie Termine

Stimmt das? Soll man wirklich immer Termine vereinbaren? Lassen Sie uns kurz überlegen, was alles für eine Terminvereinbarung spricht.

Zunächst einmal ist es eine Frage der Höflichkeit, sich anzukündigen. Wenn Sie sich in die Lage eines Kunden versetzen, der unerwarteten Besuch empfangen muß und dadurch in seiner Zeiteinteilung gestört wird, dann können Sie nachempfinden, welche Gefühle gegenüber dem Besucher im Moment der Begegnung wach werden. Wurde hingegen der Termin vereinbart, d.h. der Kunde hat dem Besuch zugestimmt, dann erwartet er den Verkäufer. Er ist vorbereitet, hat erforderliche Informationen und Unterlagen bereitliegen, seine Aktivität ist gesteigert, und die Besuchsbedeutung wurde angehoben. So sind Fehlbesuche und Wartezeiten zwar immer noch nicht gänzlich vermieden, aber erheblich reduziert.

Gibt es eigentlich auch Gründe, die gegen eine Terminvereinbarung sprechen? Viele Verkäufer besuchen ihre Kunden überwiegend unangemeldet, und sie führen eine Reihe von Argumenten zu ihrer Rechtfertigung ins Feld. Wir wollen sie einmal untersuchen.

**„Der Kunde kann Einwände vorbereiten"**

Ich halte es für vorteilhaft, wenn der Kunde seine Kritik vorbereitet hat. Ohne die Einwände des Kunden zu kennen, wären wir über mögliche Kaufhindernisse nicht informiert und könnten an ihnen nicht arbeiten.

**„Der Besuch kann abgelehnt werden"**

Ist denn der Besuch nicht begründet, hat der Besuch kein Ziel? Dann fällt es schwer, Termine zu vereinbaren. Wie man Termine „macht", wenn der Besuch sich aus der Sicht des Kunden begründen läßt, werden wir später erfahren.

## „Ich provoziere nur unnötige Terminprobleme"

Wenn ein Termin platzt, dann sowieso, ob mit oder ohne Terminvereinbarung.

## „Durch die erforderlichen Telefonate geht viel Zeit verloren"

Dies ist ein berechtigter Einwand. Es ist ggf. zu prüfen, ob dieser Zeitverlust den möglichen Zeitgewinn durch Terminvereinbarung übersteigt.

## „Ich will das Überraschungsmoment nutzen"

Bitte lesen Sie dieses Buch ganz durch und sagen Sie dann, was ein Überraschungsmoment ist, und wo es nützt.

## Aber: die Besuchsbedeutung wird gemindert!

Wer unangemeldet in den Räumen des Kunden erscheint, wertet meist seine Person ab und weckt Erinnerungen an das Klischee vom Klinkenputzer.

Als Fazit dieser kleinen Untersuchung von pro und kontra zur Terminvereinbarung können wir festhalten:

> Vereinbaren Sie Termine, wenn immer es irgend möglich ist!

Wie aber vereinbart man Termine? Wie kann man verhindern, daß ein Besuchswunsch abgelehnt wird? Die Schwächen sehr vieler Verkäufer auf diesem Gebiet haben sicher dazu geführt, daß die Terminvereinbarung vermieden wird. Der Verdacht ist berechtigt, daß „Organisationsschwierigkeiten" und „Überraschungsmoment" nur Vorwände sind, die die wirkliche Ursache, nämlich die nackte Angst, nicht vorgelassen zu werden, verschleiern sollen.

Warum sträuben sich Kunden eigentlich so hartnäckig dagegen, besucht zu werden? Ich glaube, es sind vor allem drei Gründe:

1. Verkäufer kommen oft, ohne etwas zu wollen, nur um „mal hereinzuschauen", aus eigenem kommerziellen Kontaktinteresse.
2. Verkäufer reden viel und stehlen nur die Zeit (sie setzen sich „beim Kunden auf den Schoß").
3. Durch den Besuch befürchtet mancher Kunde, sich gegenüber dem Verkäufer zu verpflichten. Er bangt um seinen Entscheidungsspielraum.

Wenn wir diese Befürchtungen des Kunden ernstnehmen und sie in dem Gespräch, das zur Terminvereinbarung führen soll, ausräumen, wird die Angst, nicht vorgelassen zu werden, wie weggeblasen sein. Probieren Sie es aus. Wie das geschehen kann, will ich am Beispiel eines Telefongesprächs beschreiben:

Kunde: „Schulz"

Verkäufer: „Mahlmann von der Firma K. Guten Tag, Herr Schulz"

Kunde: „Guten Tag, Herr Mahlmann"
— *Geben Sie dem Kunden die Zeit, den Gruß zu erwidern* —

Verkäufer: „Herr Schulz, es betrifft integrierte Schaltkreise".
— *Thema nennen. Bevor das Telefon von Herrn Schulz klingelte, hat sich dieser möglicherweise intensiv mit ganz anderen Dingen beschäftigt, er muß umschalten. „Es betrifft . . ." ist eine bewährte Formel.* —

Kunde: „Ja?"
— *Warten Sie auf diese Bestätigung! Sie kommt, wenn Sie schweigen. Erst diese „Quittung" sagt ihnen, daß Herr Schulz auf „Empfang" ist* —

Verkäufer: „Der Markt von integrierten Schaltkreisen ist in der letzten Zeit ja sehr unübersichtlich geworden . . .
— *Sagen Sie etwas, zu dem der Kunde aus vollem Herzen ja*

sagen kann. *Sprechen Sie aber gleich weiter* —

... man muß zur Lösung eines kleinen Problems oft stapelweise Prospekte durchsuchen ...

— *Wieder ein Satz, dem die Zustimmung sicher ist. Ein Kundenproblem wurde definiert. Der Kunde ist auf Zustimmung eingestimmt, und nun nennen Sie Ihr Ziel. Sie bieten eine Problemlösung an:*

... Wir haben ein Nachschlagewerk zusammengestellt, in dem das Angebot aller bedeutenden Hersteller enthalten ist. Sie haben praktisch alles in einem Buch."

Kunde: „Donnerwetter. Schicken Sie mir das mal zu!"

— *Lassen Sie sich nicht irritieren. Ignorieren Sie diesen Vorschlag einfach. Sagen Sie nicht, daß Sie ihn besuchen wollen, sondern setzen Sie dies voraus und begründen Sie gleich die Notwendigkeit eines Besuches:*

Verkäufer: „Die Handhabung dieses Katalogs möchte ich Ihnen mit wenigen Worten ganz unverbindlich erläutern ...

— *Besuchsbegründung gegeben, Unverbindlichkeit erwähnt. (Es muß nicht das Wort „unverbindlich" sein, wichtig ist nur, daß sich der Kunde „frei" fühlt.)* —

... Dazu benötige ich etwa 15 Minuten ...

— *Die Angabe der Besuchsdauer schaltet die Angst vor unnützem Zeitverlust aus. Eine selten geübte, aber äußerst wirkungsvolle Bemerkung.*

... Paßt Ihnen am kommenden Mittwoch besser der Vormittag oder der Nachmittag?"

— *Dies ist eine Alternativfrage, eine Entscheidungsfrage mit dem Schlüsselwort „oder". Die angebotene Alternative engt die Antwortmöglichkeiten ein. Die Alternativfrage fragt nicht nach dem „ob" (Kann ich Sie besuchen?), sondern nach dem „wie" (Besser vormittags oder nachmittags?). Dieser Trick hat sich allerdings mittlerweile auch in Kundenkreisen herumgesprochen und damit an Wirkung eingebüßt.*

Kunde: „Lieber nachmittags, weil wir vormittags ..."

Verkäufer: „Gern. Sind Sie um 14.15 Uhr vom Mittag zurück?"

— *Geben Sie präzise Daten und Zeiten. 14.15 Uhr hört sich verbindlicher an als $1/4$ nach 2 und wirkt auch auf den Kunden etwas disziplinierend.*

usw.

Die Gesprächsprobleme sind gelöst. Es kommt vor, daß der Kunde die Terminalternative ablehnt. Behalten Sie auch dann die Initiative! Schlagen Sie gleich eine weitere Alternative vor. Lehnt der Kunde auch diesen Vorschlag ab, dann machen Sie noch einen Vorschlag, schieben ihn aber eine größere Frist nach vorn.

Sicher wird mir mancher Verkäufer jetzt entgegenhalten, so schön wie in diesem Beispiel läuft es nie. Was ist, wenn dies und jenes ... Wenn Sie trotz aller Bemühungen zu dem angestrebten Termin nicht gekommen sind, fragen Sie sich bitte:

1. War der Besuch auch aus der Sicht des Kunden begründbar?
2. Haben Sie die Besuchsdauer angegeben?
3. Haben Sie die Unverbindlichkeit erwähnt?
4. Haben Sie eine Termin-Alternative vorgeschlagen?

Es kann eine Hilfe sein, diese Telefongespräche schriftlich vorzubereiten und dann abzulesen. Dies ist deswegen leicht möglich, weil der Kunde ohnehin nur an den mit ∗ gekennzeichneten Stellen zu Wort kommt. So gewinnt man nach wenigen Versuchen Routine und Sicherheit. Hier noch einmal zusammengefaßt das Konzept:

---

**Konzept für die telefonische Terminvereinbarung:**

Name, Firma, Begrüßung

∗

Thema nennen, Quittung abwarten

∗

Kunden auf „ja" einstimmen *(Problemdefinition)*

Ziel angeben *(Problemlösung)*

∗

Besuch begründen
Unverbindlichkeit erwähnen
Besuchsdauer angeben
Terminalternative vorschlagen

∗

---

# 3.2.    Verkauf am Telefon

Nur der Vollständigkeit halber sei noch kurz darauf eingegangen, daß sich Verkaufskontakte nicht immer in Form von Besuchen vollziehen müssen. Oft steht der Aufwand eines Besuches nicht im rechten Verhältnis zum Anlaß, nämlich der Menge der auszutauschenden Informationen. Der Verkäufer muß also von Fall zu Fall das jeweils angemessene *Kontaktmittel* wählen: Besuch oder Telefon? Dabei hat er folgendes abzuwägen:
Einerseits sind Kunden am Telefon meist kontaktfreudiger. Sie fühlen sich nicht so sehr verpflichtet und gehen deshalb mit Informationen oft freimütiger um. Außerdem kostet das Telefongespräch weit weniger als ein Besuch.

Andererseits werden fernmündlich übermittelte Informationen vom Kunden leicht vergessen. Infolgedessen ist die Ansicht, im Investitionsgütergeschäft gäbe es praktisch keinen Verkauf ohne Besuch und Demonstration, sicher zu Recht weit verbreitet.
So beschränkt sich der Verkauf am Telefon meist auf das Nachreichen von Informationen, die beim Besuch nicht verfügbar waren oder das Einholen zusätzlicher Auskünfte. Auch die rechtzeitige Ankündigung von Lieferschwierigkeiten geschieht am besten per Telefon.
Hinweise darüber, *wie* das im einzelnen geschehen kann, geben die entsprechenden späteren Kapitel, so daß wir hier darauf verzichten können.

## 3.3.    Die Begegnung

Wir haben uns angemeldet und stehen dem Kunden gegenüber. Nach dem gegenseitigen „Guten Tag" der Begrüßung entstehen einige Momente der beiderseitigen Befangenheit. „Wie geht's" oder „schlimmes Wetter wieder" mag man nicht mehr sagen. Worüber kann man aber sprechen? Im Moment der Begegnung fällt uns meist nichts passendes ein und so empfinden wir, verlegen, die Situation als mehr oder weniger unangenehm. Welcher Verkäufer kennt das nicht!

Was kann man tun? Ich sehe zwei Möglichkeiten:

> Bereiten Sie einen Wortwechsel vor.

Bereiten Sie sich auf diese Situation vor. Denken Sie sich schon vorher — nicht erst, wenn die Begegnung mit dem Gesprächspartner das Nachdenken erschwert — einen Aufhänger aus, der einen kleinen Wortwechsel entzündet. Ideen hierzu können Sie vom letzten Kontakt, dem Haus, Büro usw. ableiten.

Dieser Vorschlag, die Vorbereitung eines Wortwechsels, wird von manchen Kunden allerdings als unangenehm und einengend empfunden. Dies besonders dann, wenn der Verkäufer gleich Fragen stellt. Auch gibt es Gesprächspartner, die „small talk" grundsätzlich nicht mögen. Vor allem empfinden initiative Menschen, also solche, die dazu neigen, „das Heft in die Hand zu nehmen", es als herausfordernd, wenn ein Verkäufer als „Gast in seinen Räumen" gleich offensiv wird. Der Verkäufer beeinträchtigt deren Geltungsbedürfnis. In solchen Fällen kann der Verkäufer sich damit begnügen, den Kunden schweigend anzuschauen

> Schweigen!

und ihm die Initiative in dieser Situation überlassen. Damit ist für ihn die ungewollte Befangenheit nicht gelöst, aber der Kunde, der Initiative zu ergreifen versteht, wird diesen Schritt tun. Aus der Sicht des starken Kunden wirkt der sich so verhaltende Verkäufer jedenfalls sympathischer, und darauf kommt es an.

Je nach Kunde und Situation ist also zwischen diesen zwei Möglichkeiten zu wählen. In jedem Fall gilt aber der folgende Grundsatz:

> Bleiben Sie natürlich.

Wenn Sie sich verstellen müssen, um den kleinen Wortwechsel zu beginnen, dann tun Sie es lieber nicht. Unnatürlichkeit ist ein zu hoher Preis für dieses Randproblem. Die menschliche Verlegenheit ist etwas ganz natürliches, man braucht sich ihrer nicht zu schämen. Verlegenheit macht im Gegenteil sympathisch.

Darüber hinaus tut es dem Geltungsbedürfnis des Kunden gut, wenn dieser nicht Sorge haben muß, sich gegenüber einem Verkäufer behaupten zu müssen, der die Selbstsicherheit in Person zu sein scheint, der, gewappnet mit Maßanzug, Lederkoffer, besonderem Feuerzeug, dickem Kugelschreiber, klotziger Uhr usw. „zum Kampf antritt". Psychologen haben diese Accessoires längst als Signale des Geltungsbedürfnisses (= Selbstliebe) entlarvt, womit ihre Unbrauchbarkeit für das partnerschaftliche Beratungsgespräch im Verkauf nachgewiesen ist.

## 3.4.  Der erste Eindruck

Was ist das für eine Person, die mir da zum erstenmal gegenübertritt? Wie wird sie auf mich reagieren? Wie muß ich mich verhalten, um von ihr akzeptiert zu werden? Automatisch und unbewußt werden im Moment der Begegnung mit neuen Gesprächspartnern solche Fragen gestellt. Um die Unsicherheit in den Griff zu bekommen, versuchen wir möglichst schnell, uns vom anderen ein Bild zu machen, in dem wir die ersten uns zur Verfügung stehenden Informationen auswerten: Was verraten Gesicht, Körper, Mimik, Sprache ..., die einzigen Anhaltspunkte, die wir haben?

Man sagt, der erste Eindruck sei der richtige. Wie sicher sind Sie in der Beurteilung von Menschen, denen Sie zum erstenmal gegenübertreten? Haben Sie **Menschenkenntnis**? Können Sie sich auf Ihren ersten Eindruck verlassen?

In einem kleinen Teilgebiet dieses Problemkreises können Sie Ihre diesbezüglichen Einstellungen näher kennenlernen. Dazu dient der folgende Test, der den Zusammenhang zwischen physiologischen Merkmalen von Kopf und Gesicht mit Persönlichkeitsmerkmalen zum Inhalt hat.

In Bild 3.1 sehen Sie eine Reihe von Gesichtern. Sie sollen nun Ihrer Empfindung folgen und die Gesichter nach den nebenstehenden Skalen einschätzen: Wenn Sie beispielsweise dem Herrn mit Gesicht 1 Verschwiegenheit zuschreiben, dann kreuzen Sie, je nachdem, ob Sie ihn für nur etwas, für ziemlich oder für sehr zugeknöpft halten, die 4, 5 oder 6 an. Mitteilsamkeit hingegen drücken Sie, je nach Intensität, mit den Skalenpunkten 3, 2, oder 1 aus.

Beurteilen Sie so nacheinander jede Person nach den sechs Eigenschaftsskalen. Lassen Sie sich dabei aber nur von den physiologischen Gesichtspunkten leiten, also von der Form des Kopfes und der Ausbildung des Gesichts, nicht aber von dem mimischen Ausdruck. Um Ihnen das zu erleichtern, lächeln alle Personen ungefähr gleich, so, wie es bei einer Begrüßung meist vorkommt. Blättern Sie erst dann weiter, wenn Sie alle Ihre Kreuze gemacht haben. Auf der nächsten Seite finden Sie die Testauswertung.

| 1. | | | | | | | | | |
|---|---|---|---|---|---|---|---|---|---|
| | redselig | 1 | 2 | 3 | 4 | 5 | 6 | verschwiegen |
| | kleinlich | 1 | 2 | 3 | 4 | 5 | 6 | großzügig |
| | überheblich | 1 | 2 | 3 | 4 | 5 | 6 | untertänig |
| | humorvoll | 1 | 2 | 3 | 4 | 5 | 6 | ernst |
| | sehr intelligent | 1 | 2 | 3 | 4 | 5 | 6 | wenig intelligent |
| | kompromiß-bereit | 1 | 2 | 3 | 4 | 5 | 6 | kompromißlos |

*Bild 3.1*
*Test: Der erste Eindruck*

*Bild 3.1*
*Test: Der erste*
*Eindruck*

**2.**

| redselig | 1 | 2 | 3 | 4 | 5 | 6 | verschwiegen |
|---|---|---|---|---|---|---|---|
| kleinlich | 1 | 2 | 3 | 4 | 5 | 6 | großzügig |
| überheblich | 1 | 2 | 3 | 4 | 5 | 6 | untertänig |
| humorvoll | 1 | 2 | 3 | 4 | 5 | 6 | ernst |
| sehr intelligent | 1 | 2 | 3 | 4 | 5 | 6 | wenig intelligent |
| kompromiß-bereit | 1 | 2 | 3 | 4 | 5 | 6 | kompromißlos |

**3.**

| redselig | 1 | 2 | 3 | 4 | 5 | 6 | verschwiegen |
|---|---|---|---|---|---|---|---|
| kleinlich | 1 | 2 | 3 | 4 | 5 | 6 | großzügig |
| überheblich | 1 | 2 | 3 | 4 | 5 | 6 | untertänig |
| humorvoll | 1 | 2 | 3 | 4 | 5 | 6 | ernst |
| sehr intelligent | 1 | 2 | 3 | 4 | 5 | 6 | wenig intelligent |
| kompromiß-bereit | 1 | 2 | 3 | 4 | 5 | 6 | kompromißlos |

**4.**

| redselig | 1 | 2 | 3 | 4 | 5 | 6 | verschwiegen |
|---|---|---|---|---|---|---|---|
| kleinlich | 1 | 2 | 3 | 4 | 5 | 6 | großzügig |
| überheblich | 1 | 2 | 3 | 4 | 5 | 6 | untertänig |
| humorvoll | 1 | 2 | 3 | 4 | 5 | 6 | ernst |
| sehr intelligent | 1 | 2 | 3 | 4 | 5 | 6 | wenig intelligent |
| kompromiß-bereit | 1 | 2 | 3 | 4 | 5 | 6 | kompromißlos |

**5.**

| redselig | 1 | 2 | 3 | 4 | 5 | 6 | verschwiegen |
|---|---|---|---|---|---|---|---|
| kleinlich | 1 | 2 | 3 | 4 | 5 | 6 | großzügig |
| überheblich | 1 | 2 | 3 | 4 | 5 | 6 | untertänig |
| humorvoll | 1 | 2 | 3 | 4 | 5 | 6 | ernst |
| sehr intelligent | 1 | 2 | 3 | 4 | 5 | 6 | wenig intelligent |
| kompromiß-bereit | 1 | 2 | 3 | 4 | 5 | 6 | kompromißlos |

## Auswertung

Sicher erwarten Sie nun Auskunft darüber, wie die *richtige* Beurteilung der Personen aussieht. Doch statt dessen stelle ich Ihnen die Frage: Warum haben Sie Vorurteile? Was gibt Ihnen die Berechtigung, von einem Menschen, von dem Sie nicht mehr als sein Gesicht kennen, zu sagen, er sei mehr oder weniger intelligent, verschwiegen oder gar überheblich?

Natürlich kann es auch genau umgekehrt sein, aber dennoch haben sie eine Berechtigung, so zu urteilen! Sie ist begründet in Ihrem Recht auf Ihre eigenen *Empfindungen*! Die Empfindungen fragen nicht nach richtig oder falsch — sie sind einfach da und verleiten zu Vorurteilen.

Kein Mensch kann sich solchen Vorurteilen entziehen. Sie sind die Folge unserer jahrelangen Lernprozesse, in denen wir mit ganz wenigen Menschen in Familie und Schule (Vater, Mutter, Geschwister, Lehrer...) bestimmte Erfahrungen machten und diese heute unbewußt auf andere Menschen ähnlichen Aussehens und Verhaltens verallgemeinernd übertragen. Auch gesellschaftliche kulturbedingte Klischeevorstellungen tragen zu unserer Irreführung bei: So hat der Intelligente nun mal eine hohe Stirn und der Dicke ist gemütlich.

Unser Ziel ist es freilich, keine solchen Vorurteile zu haben und uns immer so auf eine Person einzustellen, wie sie wirklich ist. Vielleicht waren Sie bei unserem „Test" deshalb schlau und haben nichts angekreuzt? Sie bestritten den Zusammenhang zwischen Gesicht und Verhalten einer Person von vornherein? Recht so. Aber bestreiten Sie auch Ihre Empfindungen? Hierin liegt eine Gefahr, denn wer wirklich meint, keine irreführenden Empfindungen zu haben, ist um so mehr deren Opfer. Nur wer die Gefühle, die andere Personen bei ihm auslösen, wahrnimmt und sich seine Neigung zu bestimmten Vorurteilen eingesteht, kann etwa so denken:

„Sieh' an! Der andere kommt mir mit seinem zurückgeworfenen Kopf im Moment ganz überheblich vor. Ob es wohl wirklich so ist oder ob ich mich täusche?"

Unser Test kann Ihnen aber vielleicht noch eine weitere Erkenntnis über sich selbst vermitteln. Untersuchen Sie doch einmal, ob Sie in Ihren Ankreuzungen zu einer bestimmten Tendenz neigen. Denkbar wäre beispielsweise, daß Sie bei allen Personen einheitlich zur Einschätzung „mehr oder weniger überheblich" gelangten. Wenn das so war, geht es Ihnen sonst auch oft so? Schätzen Sie neue Kontaktpersonen eher überheblich ein? Oder verschwiegen? Oder wie? Auf diese Weise können Sie vielleicht Ihre persönliche Tendenz, Vorurteile gegenüber anderen zu bilden, näher kennenlernen.

Wenn Sie dann noch einen Schritt weiter gehen wollen, stellen Sie sich am besten in Gedanken die Kunden einmal vor, die Sie besonders gern besuchen und dann jene, die Sie lieber meiden. So kommen Sie möglicherweise den Ursachen einer bisher unbewußten Selektion von Kontaktpersonen auf die Spur.

## 3.5. Der Werbebrief

Die briefliche Kontaktaufnahme ist ein Sonderfall. Sie eignet sich nicht dafür, einen Kontaktbesuch einzuleiten. Zur Einführung eines neuen Produktes in einem begrenzten Interessentenkreis oder zur Vorbereitung einer Vorführreise empfiehlt sich allerdings der gute Werbebrief. Hierbei liegt das Schwergewicht auf dem Wort „gut", denn wir alle werfen fast täglich Werbeinformationen anderer Firmen ungeprüft fort. Wie können wir weitgehend verhindern, daß unser Brief ebenfalls in den Papierkorb wandert? Was macht einen Werbebrief gut?

Wichtiger als jedes Detail des Briefes selbst ist hierfür zunächst die Qualität des verfügbaren Adressenmaterials. Da im Investitionsgütergeschäft die Märkte überschaubar sind, hat der Verkäufer es meist ganz allein in der Hand, ob er die Empfänger namentlich und mit Abteilunsbezeichnung anschreiben kann. Wenn dies nicht möglich ist, kann auch der beste Werbebrief sein Ziel nicht erreichen. Drum heißt die erste Regel für den Werbebrief:

> Werbebriefe möglichst namentlich adressieren.

Dabei ist es nicht notwendig, den Namen auch in der Anrede zu wiederholen. Beim Lesen eines Briefes richtet sich der Blick ohnehin oft gleich auf den Textanfang, so daß auch ein „Betreff" überlesen wird. Das „Betreff" sollte daher keine wichtigen Informationen enthalten.

Hier, am Anfang des Briefes, stellt der Leser normalerweise eine unbewußte, aber berechtigte Frage: „Ist das interessant für mich?" Ein guter Werbebrief nimmt diese Frage ernst und beantwortet sie sofort.

> Am Anfang des Briefes das Thema nennen.

Sagen Sie also gleich im ersten Satz, worauf Sie hinauswollen. Dabei ist es nicht wichtig, originell zu formulieren, vielmehr kommt es auf Klarheit an, damit der Leser mit einem Blick weiß, ob er gemeint ist.

Geben Sie gleich anschließend eine etwas ausführlichere Beschreibung dessen, was Sie mitteilen wollen, des Neuen. Des Neuen? Ja, ohne etwas Neues mitzuteilen, lohnt das Porto nicht. Preisen Sie keine Gemeinplätze an, der Leser würde sich nur langweilen.

Je kürzer das Schreiben ist, desto größer ist die Wahrscheinlichkeit, daß es gelesen wird. Darum sollte ein Werbebrief nicht länger als ca. 12 Zeilen sein. Wenn diese 12 Zeilen noch aufgelockert gestaltet sind, machen Sie dem Leser eine weitere Freude.

Darum:

> Der Werbebrief sollte kurz und stark gegliedert sein.

Schließen Sie das Schreiben mit einem Appell ab. Wenn Sie eine Vielzahl von Briefen verschicken, fordern sie zur Aktivität auf. Das kann zum Beispiel so aussehen:

…Wenn Sie mehr über diese Maschine erfahren möchten, bedienen Sie sich bitte der beigefügten Antwortkarte. Oder rufen Sie uns einfach an (Tel. 04 31/32 50 67).

Bei einem Werbebrief an wenige Empfänger können Sie dem Kunden diese Aktivität abnehmen und Ihre Initiative ankündigen:

…. In einigen Tagen wird sich unser Herr Brandes fernmündlich bei Ihnen melden, um …

Der Aufforderungscharakter, der von einem solchen Appell ausgeht, wird jedoch ganz entscheidend durch den Wert der mitgeteilten Informationen beeinflußt. Die interessante Mitteilung einer echten Neuerung auf einfachem weißem Papier ist auch heute noch wirkungsvoller, als blumenreiche Sätze oder markige Schlagworte.

Eigenartig! Wenn der ganze Brief ungelesen bleibt, P.S. wird gelesen! Hierher gehört darum das besonders Spektakuläre, eine namentliche Referenz mit Kostenersparnis, Ihr Hinweis, daß Sie sich in einigen Tagen melden werden, oder ähnliches, das den Leser verleitet, den ganzen Brief zu lesen. Vielleicht erwarten Sie jetzt einen Musterbrief. Er ist aber absichtlich in diesem Buch nicht enthalten. Denn schließlich gilt dies: das *Außergewöhnliche* schlägt durch. Ein Muster führt leicht zur Standardisierung, Standardisierung mindert aber die Aufmerksamkeitswirkung. Hier dürfen Rezepte die Kreativität nicht hemmen. Nur in der Ideenvielfalt liegt eine Chance zum Außergewöhnlichen.

Der Erfolg einer Direktwerbe-Aktion hängt also von drei Faktoren ab:

— Das Adressenmaterial sorgt dafür, daß der Brief zum richtigen Mann kommt.
— Die Form sorgt dafür, daß der Brief von diesem Mann überhaupt gelesen wird.
— Der Inhalt der Mitteilung gibt der ganzen Aktion erst ihren Sinn und ist die Voraussetzung für deren geschäftlichen Erfolg.

Eine Werbeaktion muß alle drei Faktoren gleichzeitig berücksichtigen, wenn sie nicht im Papierkorb enden soll.

# 4. Interessenlage aufdecken

Bei der Beschreibung des *taktischen Konzepts* hatten wir gesagt, wer kauft, handele nach seiner Interessenlage. Wenn die Interessenlage also Grundlage des Kaufens ist, müssen wir sie so gut wie möglich kennen und so weit wie möglich berücksichtigen. Woraus besteht denn die Interessenlage?

Der Zwang zu kaufen ergibt sich zunächst aus einer Mangelerscheinung. Ein Unternehmen stellt z.B. Maschinen her und benötigt elektrische Schalter für deren Bedienungspult. Ein anderes Unternehmen will die Herstellungskosten eines Produktes senken und benötigt Automationstechnik, um den Anteil der Personalkosten zu reduzieren. Beide Unternehmen haben ein Problem, das sie aus eigener Kraft nicht wirtschaftlich lösen können. Einerseits fehlt das Know-how, andererseits lohnt es nicht, eine kleine Serie elektrischer Schalter selbst herzustellen. Die Unternehmen wenden sich darum an den Markt und suchen kompetente Partner, um die Lösung der Probleme zu kaufen.

Dieser Ablauf erscheint uns selbstverständlich. Wir können von ihm aber zwei grundsätzliche Feststellungen für das Investitionsgütergeschäft ableiten:

1. Verkaufen bedeutet „Probleme lösen".
2. Wo kein Problem, da kein Verkauf.

Das technische Problem — die notwendige Investition oder die Beschaffung von Zulieferteilen — ist der eine wesentliche Bestandteil der Interessenlage des Kunden. Hierbei dominieren die sachlichen Fragen. Bedenken wir z.B. nur, wieviele technische Einzelheiten geklärt werden müssen, bevor sich der Kunde für den Kauf eines kleinen elektrischen Schalters entscheiden kann!

Dieser Fragenkomplex ist weitgehend sachlich und objektivierbar. Er beschreibt die Interessenlage des Kunden jedoch nur zum Teil.

Wir müssen einen weiteren Fragenkomplex berücksichtigen, der nicht objektivierbar ist: den „Menschen im Kunden". Verkaufen ist zu einem erheblichen Teil Umgang mit Menschen. Die Psychologie hat uns in den letzten Jahren zu wichtigen Einsichten in die Antriebe menschlichen Verhaltens verholfen. Danach haben wir unsere Art zu operieren und zu reagieren gelernt, und dieser Lernprozeß geht zurück bis in die frühkindliche Entwicklung. Ein Beispiel soll das erläutern:

Der Säugling, zum selbständigen Überleben nicht in der Lage, braucht Geborgenheit, das Gefühl des Geliebtwerdens. Ein Mensch, der auf diesem Gebiet ein Defizit zu verzeichnen hatte, d.h., er konnte das Gefühl des Geliebtwerdens nicht im ausreichenden Maße erfahren, erlernt als Säugling, die Liebeszuwendung zu erzwingen — er schreit. Mit zunehmendem Alter erfolgt jedoch der Einbau des Menschen in die Gesellschaft. Dieser Sozialisierungsprozeß hat zur Folge, daß sich die Bemühungen, Liebeszuwendung zu erlangen, in ihrer Art verändern. Der Mensch lernt entsprechende „gesellschaftsfähige" Techniken, weil er nicht mehr, wie als Säugling, schreien darf. In unserem Fall, Liebesentzug im Säuglingsalter, wird später alles mit dem Status zusammenhängende an Bedeutung gewinnen. Das Geltungsbedürfnis wird zum wesentlichen Motor seiner Handlungen. Er wird das Defizit an Liebe durch äußere Erfolge wettzumachen versuchen, ein zu großes Auto fahren, viel Geld in seine Wohnung stecken, Wert auf einen besseren Schreibtischsessel legen usw...

Dieses Beispiel, für sich allein, vermittelt nur Halbwissen und taugt nicht dazu, die Umwelt nun mit mehr psychologischem Verstand zu beurteilen. Es kann aber verdeutlichen, daß jeder Mensch in seinem gelebten Leben die stärkere Ausprägung bestimmter Antriebe „erlernt" hat und daß diese nicht objektiviert werden können. Vielmehr geht es darum, den Kunden als Mitmenschen zu verstehen und die „Brille", durch die er die Welt sieht, zu respektieren. Beim beratenden Verkauf von Investitionsgütern lassen sich praktisch alle menschlichen Einflüsse in vier Kategorien einordnen:

> Geltungs- und Machtstreben,
> Sicherheitsbedürfnis,
> Gewinnstreben,
> Bequemlichkeitsstreben.

Bei jedem unserer Gesprächspartner werden wir eine andere Bedeutung dieser Kategorien feststellen. Das Verhältnis der sich hieraus ergebenden Handlungsantriebe und Wertungen des Kunden nennen wir die **persönliche Motivation.** Sie färbt die Investitionsentscheidung z.B. dahingehend, daß der eine Kunde die narrensichere Bedienung bevorzugt, ein anderer aber den größten Wert auf die Systemgarantie legt.
Die sachlichen technischen Fragen einer Investitionsentscheidung und die persönliche Motivation der an der Entscheidung beteiligten Personen bilden zusammen die Interessenlage, die Summe der Antriebe, die den Kunden in der Kaufentscheidung bewegen.

Verkaufsbemühungen, bei denen die Interessenlage des Kunden nicht die Grundlage des Handelns ist, kann man vergleichen mit dem Versuch, den berühmten Neger im Tunnel zu suchen. Wie aber deckt man die Interessenlage auf, wo ist der Schalter, mit dem man das Licht im Tunnel anknipsen kann?
Je mehr wir über das Kundenproblem und dessen Randbedingungen sowie die persönlichen Wünsche und Vorstellungen des Kunden wissen, desto genauer und sicherer wird unsere Präsentation sein. Um diese Informationen zu beschaffen, dient uns das Gespräch. Für viele Verkäufer bedeutet es kein Problem, den Kunden über seine Interessen zum Sprechen zu bringen. Irgendeine Frage oder eine provozierende Behauptung führt oft zum Ziel, oder der Kunde erzählt gar von ganz allein.
In solchen Fällen brauchen wir keine Hilfe. Wo kein Gesprächsproblem ist, benötigen wir auch keine Methode. Das natürliche spontane Verhalten reicht allerdings nicht immer: Wer kennt nicht den gehemmten Kunden, der gerade noch ja und nein sagt, oder den arroganten Einkäufer, der knappes Antworten und kaltes Schweigen als Waffe einsetzt, um den Verkäufer zu irritieren? Und wie steht es mit der Vollständigkeit der Informationen, wenn wir die Gesprächsinitiative so weitgehend dem Kunden überlassen?
In diesen Situationen hilft unreflektiertes Verhalten oft nicht weiter. Wir brauchen ein Mittel, das Abhilfe schafft. Dieses Mittel heißt: Fragen.

## 4.1. Fragetechnik

Es ist wohl die wichtigste Technik, die beim Überzeugen von Menschen beherrscht werden muß, in Inhalt und Formulierung richtig zu fragen. Warum sind Fragen ein so erfolgreiches Gesprächsmittel? Hierauf gebe ich vier Antworten:

**Wer fragt, bekommt Informationen**
Antworten sind Informationen. Allerdings hat die Qualität der Fragestellung auf die Qualität der Information erheblichen Einfluß.

**Wer fragt, führt ein Zwiegespräch**

In bestimmten Phasen des Verkaufsgespräches läuft der Verkäufer Gefahr, das Gespräch abreißen zu lassen. Die Frage zwingt den anderen wieder zu Wort.

**Wer fragt, behält die Initiative**

Der Fragesteller bestimmt die Richtung des Gesprächs. Der Antwortende „muß gehorchen".

**Wer fragt, hat mehr Zeit zum Nachdenken**

Der Antwortende muß seine Reaktion erdenken und formulieren, nachdem der Fragesteller ausgeredet hat. Außerdem verharrt er nachher einen Moment, um die Wirkung seiner Antwort zu sehen (habe ich gut oder schlecht geantwortet?).

### 4.1.1. Die Formulierung der „W-Frage"

Man kann die Fragen nach der Art ihrer Formulierung unterscheiden. Im Abschnitt *Kontaktaufnahme* haben wir bereits mit einer Formulierungsform, der Alternativfrage, Bekanntschaft gemacht. An dieser Stelle wollen wir uns mit einer Formulierung beschäftigen, die geeignet ist, die Gesprächsprobleme in der Stufe *Interessenlage aufdecken* zu lösen. Es ist die *W-Frage*. Sie beginnt immer mit einem der folgenden Wörter:

> Schlüsselwörter für W-Fragen
> *wie*
> *wo*
> *was*
> *wann*
> *welche* usw.

Das ergiebigste W-Wort ist das Wort

> *warum.*

Es forscht nach Ursachen und Begründungen, birgt aber andererseits auch Gefahren in sich, auf die wir später noch zurückkommen werden. Zunächst einmal zwei Beispiele für W-Fragen:
*Warum* bevorzugen Sie die hydraulische Betätigung? An *welchen* Stellen setzen Sie Mikroschalter ein?
Als nächstes wollen wir untersuchen, welche Eigenschaften diese Frageformulierung hat, um besser abschätzen zu können, zu welchen Zwecken sie uns im Gespräch nützen kann:

— Eine *W-Frage* kann nicht mit einem knappen Ja oder Nein beantwortet werden. Fragen mit dieser Eigenschaft nennt man auch „offene Fragen". In der deutschen Sprache haben alle offenen Fragen das „W-Wort" als gemeinsames Kennzeichen. Versuchen Sie einmal eine Ausnahme zu finden. Es wird Ihnen nicht gelingen.

— Die *W-Frage* zwingt darum zur Schilderung und regt die Unterhaltung an. Haben Sie schon einmal einem schweigsamen Kunden gegenüber gesessen, der kaum ein Wort sagte, dessen Minenspiel keine Anteilnahme am Gespräch verriet, so daß Sie immer das Gefühl hatten, reden zu müssen, um unangenehmes Schweigen zu verhindern? Wie haben Sie sich dabei gefühlt? Fühlten Sie sich vom Kunden verstanden oder waren Sie eher irritiert und fragten sich, was er wohl denken würde? Aus solchen Situationen hilft uns die W-Frage heraus. Sie regt die Unterhaltung an und zwingt den Gesprächspartner, sich zu engagieren.

— Die *W-Frage* löst beim Antwortenden suchende Denkprozesse aus. Versuchen Sie sich zum Spaß einmal in der Formulierung einiger W-Fragen, wie in unseren zwei Beispielen weiter oben. Und prüfen Sie dann jede Frage auf die zuletzt genannte Eigenschaft hin, in dem Sie sich in die Lage des Antwortenden versetzen. Lesen Sie erst danach weiter.
Haben Sie festgestellt, daß zur Beantwortung der *W-Fragen* ein suchendes Nachdenken erforderlich ist? Der Antwortende macht sich „auf die Fährte", um die Antwort zu „finden". Wir sehen, daß mit diesem Gesprächsmittel ein starker Einfluß auf das

Denken des Gesprächspartners ausgeübt, Initiative entfaltet wird.

— Die *W-Frage* beeinflußt durch die Fragestellung die Antwort nur wenig oder überhaupt nicht. Diese Eigenschaft ist für uns wichtig, denn ein Antwortender, der uns etwas sagt, weil er meint, daß wir es hören wollen, tut uns keinen Gefallen. Wir müssen uns ein realistisches Bild von der Interessenlage des Kunden machen und dürfen ihm mit der Fragestellung nicht schon den Stoff für die Antwort liefern.

Wegen dieser Eigenschaften eignet sich die *W-Frage* sehr gut zum Beschaffen von Fach- und Meinungsinformationen. Sie ist also ein ideales Gesprächsmittel in der Stufe *Interessenlage aufdecken,* mit dem der Verkäufer seine Gesprächsziele relativ hart durchsetzen kann.

Hierin liegt zugleich eine Gefahr: Ein Verkäufer, der von dieser Technik des Fragens zu regen Gebrauch macht, engt den Freiheitsraum seines Gesprächspartners stark ein, denn der andere kann dann ja nicht mehr sagen, was *er* will. Der Kunde empfindet den Verkäufer als einengend, ja aggressiv und reagiert schließlich defensiv: Wer will sich schon *aus*fragen lassen?

Die W-Frage ist also ein ziemlich scharfes Gesprächsmittel, vergleichbar mit dem Messer des Chirurgen: Man kann mit ihm helfend und fördernd eingreifen, aber bei unachtsamem Umgang auch unnötig verletzen und Schaden anrichten.

Deshalb ist davor zu warnen, die Gesprächsphase *Interessenlage aufdecken* in ein kaltes Interview umzufunktionieren. Besonders die Frage nach dem Warum ist sehr aggressiv, denn sie zwingt den anderen in die Verteidigungshaltung. Andererseits führt sie bei behutsamer Anwendung oft zu aufschlußreichen Antworten. Beachten Sie in diesem Zusammenhang auch das Kapitel 4.2 über das Kommunikationsverhalten des Verkäufers.

Nachdem wir eine zweckmäßige Frageformulierung gefunden haben, bleibt noch das Problem, diese Formulierung mit den jeweils richtigen Inhalten zu versehen.

## 4.1.2. Der Frageinhalt

Den Antworten des Kunden wollen wir entnehmen, woraus sich seine Interessenlage zusammensetzt. Um dies zu erfahren, sollten wir aber nicht danach fragen, was der Kunde *will*, sondern danach, was er *braucht*. Oft sind Kunden nämlich schnell bereit zu sagen, was sie kaufen wollen. Erst bei näherem Betrachten stellt man fest, daß ein Problem anders besser zu lösen ist, als der Kunde es sich anfangs vorstellte.

Ein Beispiel soll Ihnen dies erläutern: Maschinenfabrik B. will im Neubau der Fabrik ein neues Zentrallager schaffen. Der Betriebsleiter wendet sich an Hersteller von Regalen und wünscht Angebote über soundsoviele Regale dieser und jener Höhe, Tiefe, Bodenzahl usw... Einer der Anbieter überprüft jedoch das Materialhantierungsproblem genauer und stellt fest, daß hier eigentlich ein mechanisiertes Hochregal bezüglich der Investitions- und Betriebskosten viel günstiger wäre, als die seitens des Kunden angefragten Regale. Wieviel mehr Chancen hat der Verkäufer dieses Unternehmens, den Auftrag zu bekommen, wenn er den Kunden von seiner Lösung überzeugen kann!

Ursache dieser hohen Erfolgswahrscheinlichkeit war, daß er sich um die Interessenlage gekümmert und unterschieden hat, zwischen „was *will* der Kunde" und „was *braucht* der Kunde". Die W-Fragen dürfen also nicht produkt- oder gar konstruktionsorientiert, sondern sie müssen *problemorientiert* sein.

Unser Regalverkäufer wird also nicht gefragt haben:

— Wie hoch sollen die Regale sein?
— Wo stellen Sie sich den Hauptgang vor?

Um auf die beschriebene Lösung zu kommen, wird er wahrscheinlich so gefragt haben:

— Wieviel Personal ist in Ihrem Lager mit dem Kommissionieren beschäftigt? (Fachfrage)

— Nach welchem Ordnungssystem haben Sie bisher das Lagergut lokalisiert? (Fachfrage)
— Wie denken Sie über einen höheren Automationsgrad? (Meinungsfrage)

Besondere Erfolgswahrscheinlichkeit geht von Produkteigenschaften aus, die der Wettbewerb nicht aufzuweisen hat, denn sie verleihen eine monopolartige Stellung. Diese Merkmale sind daher besonders wichtig, und wir haben sie *Unterscheidungsmerkmale* genannt. Auch diese Unterscheidungsmerkmale liefern wichtige Inhalte für die W-Fragen.

Auch hierzu ein Beispiel:
Ein Hersteller von Lichtstrahloszillographen (registrierende Meßgeräte) hat eine Ausführung entwickelt, die sich gegenüber allen bisher bekannten Oszillographen durch Schocksicherheit bestimmter Dimension auszeichnet. Der Verkäufer dieses Meßgerätes wird mit W-Fragen so lange bohren, bis der Kunde erkennt, daß er den Oszillographen häufig transportieren wird und möglicherweise auch mobilen Einsatz auf Fahrzeugen beabsichtigt. Vorher hatte der Kunde nie daran gedacht, aber durch die Fragen des Verkäufers wird ihm dieser Aspekt seiner Interessenlage erst bewußt. Sein jetzt vorhandenes Interesse an Störsicherheit bei rauhem Betrieb gibt dem Verkäufer bei der folgenden Präsentation bedeutend mehr Erfolgswahrscheinlichkeit.

Wie wird der Verkäufer hier gefragt haben?

— An welchen Orten des Betriebes werden Sie Messungen durchzuführen haben?
— Sie registrieren Schadstoffanteile in Abgasen. Wie oft wird es vorkommen, daß Sie unterwegs messen müssen?
— Welche Erfahrungen haben Sie bisher mit Meßgeräten bei rauhem Betrieb gemacht?

An dieser Stelle mag man sagen, statt der *W-Frage* ließe sich auch eine *Suggestivfrage* wie folgt verwenden:
„Sicher sind Sie auch an Störsicherheit bei rauhem Betrieb interessiert?"

Aber der Kunde könnte hier den Eindruck bekommen, manipuliert zu werden. Qualifizierte Gesprächspartner, wie wir sie im Investitionsgütergeschäft meist vor uns haben, werden durch Formulierungen wie „Sie sind sicher doch auch meiner Meinung, wenn ich sage, daß ..." geradezu mißtrauisch. Außerdem findet der Kunde durch W-Fragen selbst zur Formulierung seiner Interessen. Seine Identifikation mit dem selbst formulierten ist größer als mit dem per Suggestivfrage „untergeschobenen".

Wir wollen durch das Aufdecken der Interessenlage auch erfahren, worauf der Kunde *keinen* Wert legt. Es ist nämlich wichtig zu wissen, womit wir ihn in der Präsentation langweilen würden. Jene Eigenschaften des Produktes, die der Kunde jetzt und auch später nicht braucht, sollen nicht die kaufentscheidenden Merkmale „einebnen". Der Kundeneinwand, „diese Eigenschaft brauchen wir nicht", sollte die spätere Präsentation nicht unterbrechen.

Wir unterscheiden darum die Begriffe *Vorteil* und *Nutzen*. Vorteil ist objektiv, Nutzen ist aber subjektiv. Als Nutzen bezeichnen wir nur jene Vorteile, die der Kunde ausnützt. Ein Vorteil, den er jedoch nicht braucht, hat für ihn keinen Wert.

Die Stufe *Interessenlage aufdecken* dient also auch zur Unterscheidung von Vorteil und Nutzen. Bild 4.1 illustriert das: Die Gesprächsphase wirkt wie ein Filter, das von den objektiv vorhandenen *Vorteilen* eines Produktes nur die für den jeweiligen Kunden subjektiv wichtigen und darum *kaufentscheidenden* Vorteile durchläßt, den *Nutzen*.

Es sind also drei Komplexe, die Inhalte für die *W-Fragen* abgeben:

1. Was *braucht* der Kunde?
2. Welche meiner Unterscheidungsmerkmale sind für den Kunden interessant?
3. Welche Eigenschaften meines Produktes werden den Kunden nicht interessieren?

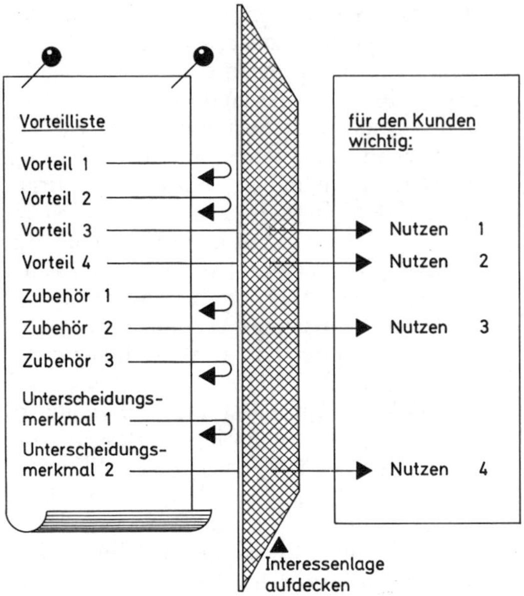

Bild 4.1  Die Unterscheidung
von Vorteil und Nutzen

Vorteilliste

Vorteil 1
Vorteil 2
Vorteil 3
Vorteil 4
Zubehör 1
Zubehör 2
Zubehör 3
Unterscheidungs-
merkmal 1
Unterscheidungs-
merkmal 2

für den Kunden
wichtig:

Nutzen 1
Nutzen 2
Nutzen 3
Nutzen 4

Interessenlage
aufdecken

## 4.2.    Das Kommunikationsverhalten des Verkäufers

Wir stellen eine W-Frage, der Kunde antwortet, wir hören zu, speichern die betreffenden Informationen in unserem Gedächtnis ab und fragen dann weiter. Das ist alles? Wir täuschen uns, wenn wir uns die Sache so einfach machen.

Die Schwierigkeiten, die uns am lückenlosen und ungefärbten Informationsaustausch mit dem Kunden hindern, sind zahlreich und zum großen Teil entziehen sie sich unserer Wahrnehmung, weil sie im Unbewußten verankert sind. Trotzdem wollen wir versuchen, ihnen auf die Spur zu kommen und zunächst einige Schwachstellen in unserem Kommunikationsverhalten kennenlernen.

### Informationsverlust durch eine „Erwartungshaltung"

Wenn wir eine Frage stellen, haben wir manchmal bestimmte Vorstellungen von der zu erwartenden Antwort. Wenn nun unser Gesprächspartner unseren Erwartungen gemäß zu antworten beginnt, meinen wir, schon zu wissen, was er sagen wird, und hören nicht mehr richtig hin. Hören ist eben zuweilen langweilig. Wir schalten ab und nehmen die angebotene Information nicht vollständig auf.

### Informationsverlust durch „selektive Wahrnehmung"

Ein Kunde antwortet vielschichtig. Von dem, was er sagt, glauben wir, einen Teil gut verwerten zu können, bestimmte Aussagen empfinden wir jedoch als störend. In unserer Wahrnehmung trennen wir die Gesamtheit der uns zur Verfügung stehenden Informationen in gute, brauchbare Informationen einerseits und schlechte, solche, die uns nicht „in den Kram passen", andererseits. Den letzteren schenken wir weniger Beachtung, damit die Interessenlage des Kunden in einem für uns günstigen Licht erscheint, wir wollen sie nicht wahr haben und wehren diese Informationen ab.

## Informationsverlust durch Interesselosigkeit

Was nützt es, jemanden Fragetechnik zu lehren, der von seiner charakterlichen Anlage her für die Belange anderer Menschen kaum Interesse aufbringt, der lieber selbst redet, als daß er zuhört?
Ohne „echt" an den Antworten interessiert zu sein, wirkt Fragen aufgesetzt und rhetorisch.

## Informationsverlust durch Angriffs- und Verteidigungshaltungen

Häufig werden in Verkaufsgesprächen Fragen gestellt, die keinerlei Bereitschaft des Verkäufers erkennen lassen, den anderen verstehen zu wollen, ihn so wie er antwortet zu akzeptieren. Ein solches Fragen, das z.B. darauf gerichtet ist, dem Kunden Fehler in seiner bisherigen Arbeit nachzuweisen oder ihm bestimmte Wünsche unterzuschieben, ihn zu manipulieren, wirkt auf den so „Ausgefragten" aggressiv. Es kann sogar in ein „Inquisitions-Spiel" ausarten, in dessen Verlauf sich der Befragte in die Enge getrieben fühlt und sich mehr mit seiner Verteidigung beschäftigt als mit der Mitteilung seiner Interessen.
Weder perfekte Fragetechnik noch glänzende Rhetorik können die eben beschriebenen Kommunikationsprobleme lösen. Die auf dieser, mehr emotionellen Ebene wirkenden Kräfte lassen sich durch keine Methode und keinen Trick einfach ausschalten oder verändern. Es ist aber schon viel gewonnen, wenn der Verkäufer ein Verkaufsgespräch auch auf dieser Ebene bewußt wahrnehmen kann und so nicht zum Opfer seiner Emotionen wird.

Zur Lösung der in der Stufe *Interessenlage aufdecken* anstehenden Kommunikationsprobleme ist jener Verkäufer am besten ausgestattet, der an diese Aufgabe mit der folgenden Einstellung herangeht: Er denkt im Moment überhaupt noch nicht daran, den anderen von irgendetwas zu überzeugen. Vielmehr ist er gespannt, welche Besonderheiten des Kundenproblems er entdecken wird. Er rechnet durchaus damit, hier unter Umständen nicht zum Geschäft zu kommen, nämlich dann, wenn die Interessenlage des Kunden dies vernünftig erscheinen läßt und ist bereit, das dann auch zu akzeptieren. Kurz, er ist unbefangen und interessiert, total auf „Empfang" geschaltet.
Der Kunde eines so eingestellten Verkäufers wird sich verstanden fühlen. Er wird sich nicht verteidigen müssen und um so offener sein können. Die Informationen fließen reichlicher, und damit findet dieser Verkäufer die besten Voraussetzungen vor, um die spätere Präsentation seines Angebotes wirkungsvoll zu gestalten.
Die Stufe *Interessenlage aufdecken* haben wir nun auf ihren zwei Ebenen kennengelernt:
— auf der sachlichen Ebene führt exaktes und geordnetes Fragen in alle Bereiche des Kundenproblems.
— auf der emotionellen Ebene trägt die Bereitschaft des Verkäufers, den Kunden und seine Interessen wirklich unverfälscht zu akzeptieren, dazu bei, daß Kommunikationsschwierigkeiten nicht dominieren.

Störungen auf der einen wie auf der anderen Ebene hindern einen befriedigenden Informationsaustausch.

# 5.  Erfolgswahrscheinlichkeit prüfen

Wir kennen nun die technische Problematik der Investitionsentscheidung, die der Kunde fällen muß. Wir wissen, welche persönlichen Vorstellungen und Wünsche in diesen Entscheidungsprozeß eingehen.

Angesichts dieser Informationen können wir abschätzen, wie sich unser Produkt im Vergleich mit dem Wettbewerb behaupten kann, wie groß unsere Chance ist, den Auftrag zu bekommen. Wir beurteilen die Erfolgswahrscheinlichkeit.

## Wozu ist diese Überlegung gut?

Damit der Verkäufer Zeit und Energie auf die jeweils erfolgswahrscheinlichsten Projekte lenkt und nicht in Nebensächlichkeiten oder aussichtslosen Vorhaben vergeudet. Die Entscheidung, in einen Verkaufsvorgang keine Arbeit mehr zu investieren, fällt allerdings nicht jedem Verkäufer leicht. Er hat vielleicht ein schlechtes Gewissen, weil er „aufgibt" oder Sorge davor, sein Chef würde davon erfahren und die Entscheidung nicht akzeptieren. Die genaue Kenntnis der Interessenlage des Kunden ist unentbehrlich, um trotz dieser verständlichen Hemmnisse die eigene Arbeitszeit nach wirtschaftlichen Gesichtspunkten einzusetzen.

Wenn ein Verkäufer sich damit rühmt, daß er ein aussichtsloses Projekt durch den Einsatz aller Energie und — in aller Bescheidenheit — seines ganzen Geschicks, doch noch „an Land gezogen" hat, liegt der Schluß nahe, er sei tüchtig. Verkäuferlatein! Wahrscheinlich konnte er den Kunden nie richtig verstehen und bezeichnete das Geschäft darum als aussichtslos. Nachher kaufte der Kunde „von allein". Dieser „Zufall" löste zuerst Überraschung, dann „Stolz" aus.

Wohl jeder Verkäufer erlebt diese Geschichte dann und wann. Über solche Geschäfte freuen wir uns, sollten uns aber nichts vormachen. Märkte werden so nicht erobert. In der Regel wird die Wahrscheinlichkeit, mit der wir ein Geschäft bekommen werden, genauer vorhersehbar sein.

## Von welchen Einflüssen hängt eigentlich die Erfolgswahrscheinlichkeit ab?

Da ist zunächst einmal die *Langjährigkeit einer Zusammenarbeit*. Zwischen den Gesprächspartnern haben sich bestimmte Gewohnheiten eingebürgert, und persönliches Vertrauen wurde angesammelt, worin die Erfolgswahrscheinlichkeit für den eingeführten Lieferanten begründet ist.

Ein anderes Beispiel für erhöhte Erfolgswahrscheinlichkeit liegt vor, wenn der Kunde es versäumt, ausreichende Konkurrenzalternativen hinzuzuziehen. So etwas ist zwar selten, kommt aber dann und wann vor. Auf die Fehler der Kunden ist jedenfalls kein Verlaß.

In den weitaus meisten Fällen geht die Erfolgswahrscheinlichkeit von den *Unterscheidungsmerkmalen* der Produkte und Unternehmen aus. Sie führen zu einer *Marktsegmentierung*, einer Aufteilung des Marktes in **Marktlücken**. Ein Beispiel soll das verdeutlichen:

Ein Hersteller von XY-Schreibern stellt fest, daß ein bestimmter Bedarf an Schreibern mit einer Schreibgeschwindigkeit von 8 m/s besteht. Da es aber am Markt keinen solchen Schreiber zu kaufen gibt, hat er eine „Marktlücke" entdeckt. Der Hersteller entschließt sich, einen XY-Schreiber mit einer Schreibgeschwindigkeit von 8 m/s zu entwickeln und zu fertigen.

Der Verkäufer dieses Schreibers hat bei einigen Kunden praktisch ein Monopol. Bei Kunden, die die hohe Schreibgeschwindigkeit benötigen, gibt es keinen gleichwertigen Wettbewerb, ein einfacher Preisvergleich wird ausgeschaltet, mindestens erschwert.

Dieser Verkäufer sollte nicht versuchen, seinen — sicher teuren — Schreiber dort zu verkaufen, wo die hohe Schreibgeschwindigkeit unwichtig ist. Vielmehr wird er seine ganze Arbeitskapazität in „seiner" Marktlücke einsetzen, weil dort die Erfolgswahrscheinlichkeit am größten ist.

So schön wie in diesem Beispiel ist die Wirklichkeit nicht oft, aber viele Verkäufer nutzen die doch meist vorhandenen Unterscheidungsmerkmale nicht genug.

Der Verkäufer muß die Unterscheidungsmerkmale seiner Produkte zum Wettbewerb kennen sowie deren anwendungsbezogene Konsequenzen, wenn er die Frage nach der Erfolgswahrscheinlichkeit beantworten will. Damit kommen wir zurück zu unserem Verkaufsgespräch:

> Erforschen Sie möglichst frühzeitig, ob Ihr Gesprächspartner in „Ihre" Marktlücke gehört oder ob Sie bei ihm geringere Erfolgswahrscheinlichkeit haben. Dann ist Ihre Zeit woanders besser angelegt.

Spätestens nach der Stufe *Interessenlage aufdecken* wissen Sie, ob der Zeiteinsatz lohnt.

# 6. Präsentation des Produktes

*Jetzt erst*, nachdem wir die Interessenlage des Kunden kennen und uns Chancen ausrechnen, *erst jetzt* reden wir von unserem Produkt, fangen wir an, zu „verkaufen".

Kaufen heißt für den Kunden, zwischen den angebotenen Alternativen zu entscheiden. Seine Entscheidung muß er später vor den Kollegen, vor seinem Vorgesetzten und nicht zuletzt vor sich selbst **rechtfertigen**. Er muß begründen, *warum* er die Wahl so und nicht anders getroffen hat. Die Kaufentscheidung wird ihm um so leichter fallen, je weniger Probleme dieser Rechtfertigungsprozeß mit sich bringt.

Was bedeutet also **„verkaufen"** zu diesem Zeitpunkt? Es bedeutet, dem Kunden die Begründungen unserer Erfolgswahrscheinlichkeit (meist Produkteigenschaften) so klar zu machen, daß er damit den Kauf rechtfertigen kann. Es bedeutet *nicht,* daß wir ihm etwas aufdrängen, ihn überreden oder überzeugen im Sinne von „seine Mei-

nung ändern". Wir gehen vielmehr davon aus, daß er sich selbständig für unser Angebot entscheiden wird, wenn er die Bestandteile unserer Erfolgswahrscheinlichkeit lernt und akzeptiert. Er entscheidet sowieso selbständig.

Wir müssen infolgedessen die kaufentscheidenden Eigenschaften und Fähigkeiten unseres Produktes dem Kunden so vermitteln, daß er sie versteht und behält, kurz, daß er sie lernt. So gesehen wird die Präsentation zum *Lernprozeß* des Kunden, sie muß in erster Linie verständlich und einprägsam sein. Mancher Verkäufer fühlt sich als „Entertainer". Hier erkennen wir den Beruf des *Lehrers* als ein besseres Vorbild. Ich meine den Lehrer, nicht den „Schulmeister".

Die Wege, die zu einer in diesem Sinne guten Präsentation führen, wollen wir im folgenden kennenlernen und wenden uns zunächst den Darstellungsformen zu.

## 6.1. Darstellungsformen

Jede der Produkteigenschaften, die wir präsentieren wollen, stellt uns vor die Wahl, *wie* wir sie am besten darstellen. Erklärung, Illustration und Demonstration sind die Darstellungstechniken, deren wir uns bedienen können. Lassen Sie uns der Reihe nach untersuchen, welche Vor- und Nachteile der einzelnen Techniken unsere Präsentation fördern bzw. hemmen und ob es Mittel gibt, die jeweilige Technik noch zu verbessern.

**Argumentation**

Ohne unsere *Sprache* geht es nicht. So notwendig unsere Worte sind, so problematisch wird es aber, wenn wir uns ausschließ-

lich auf sie stützen. Einige Gründe hierfür haben wir im Kapitel 4 bereits kennengelernt. In der Stufe *Präsentation* taucht eine weitere Schwierigkeit bloßer verbaler Argumentation auf: Worten fehlt Beweiskraft! Viele Kunden halten Verkäufer für Schwätzer, denen ohnehin nicht alles zu glauben ist. Solange Argumente nicht bewiesen sind, haben sie den Charakter der Behauptung. Dieses Problem der Glaubwürdigkeit unserer Ausführungen können wir zum Teil lösen, wenn wir die Form der Behauptung vermeiden, und statt dessen *Ansichten und Erfahrungen Dritter vermitteln*. Also nicht:

„Die Lebensdauer ist doppelt so groß!" Sondern: „Bei Herrn Niemann von Firma H. halten die Endschalter jetzt durchschnittlich doppelt so lange wie bei der alten Lösung."

Bloßes Sprechen führt, wie wir schon wissen, leicht zu Mißverständnissen. Ein kleines Spiel führt das noch einmal deutlich vor Augen:

> „Ich habe nicht gesagt, daß Sie den Koffer stehlen wollten."

Dieser Satz hat 10 Wörter. Wenn Sie ihn zehn mal lesen und jedesmal ein anderes Wort betonen, werden Sie feststellen, daß dieser Satz ohne jede Änderung der Interpunktion zehn Bedeutungen haben kann. Haben Sie es ausprobiert? Dann ist Ihnen klar, daß bloßes Sprechen eine eindeutige Kommunikation nicht sicherstellt. Doch die Gefahr der Mißverständnisse können wir mindern. *Deutliche Gesten und bildhafte Vergleiche* („... so dünn wie eine Zigarette") helfen durch ihre illustrierende Wirkung.

Die Qualität der Informationsübermittlung vom Verkäufer zum Kunden wird natürlich auch von der **Rhetorik** (Sprechtechnik) des Verkäufers abhängig sein. Dabei ist es nicht so wichtig zu *wissen*, wie *man* das *machen kann*, sondern, daß *Sie* wissen, wie *Sie* es *tun*. Wie klar und eindeutig, leicht verstehbar können *Sie* eine komplizierte Sache erklären?

Die meisten Verkäufer wissen nicht, wie sie diese Frage für sich selbst beantworten sollen, oder sie überschätzen ihre Fähigkeiten bei weitem. Oft ist es auch nur eine kleine Schwäche, wie beispielsweise ein zu häufiges „äh", das dem Zuhörer unerhört auf die Nerven gehen kann. Die meisten Menschen sind aber leider zu höflich, um andere auf deren Sprechfehler aufmerksam zu machen, und so bleiben sie dem Betreffenden selbst verborgen. Ein kleiner Selbsttest hilft Ihnen zu erkennen, welche Fehler Ihnen unterlaufen. Wenn Sie wollen, gehen Sie so vor:

> Suchen Sie sich einen komplizierten Apparat (Fotoapparat, Tonbandgerät o.ä., nicht aber ein Produkt Ihres Lieferprogramms) und erklären Sie seine Bedienung oder Funktionsweise einem Bekannten, der diesen Apparat noch nicht kennt. Lassen Sie dabei ein Tonband mitlaufen. Die Dauer dieses Gesprächs sollte 10 bis 15 Minuten betragen.

Hören Sie sich anschließend das Band wieder an. Beim ersten Durchlauf schreiben Sie spontan auf, was Ihnen dabei an Ihrer Art zu sprechen störend auffällt. Nach einem zweiten Durchlauf derselben Aufnahme können Sie diese Fragen einschätzen:

> — Spreche ich deutlich oder „nuschle ich in den Bart"?
> — Unterteile ich die Sätze durch die Modulation meiner Stimme?
> — Sind meine Sätze kurz und klar oder sind sie langatmig, kompliziert und eitel ausgeschmückt?
> — Kommt mein Gesprächspartner leicht zu Wort oder rede ich wie ein Wasserfall?
> — Beschreibe ich alle Punkte des Apparates getrennt voneinander oder werfe ich die Eigenschaften durcheinander?
> — Habe ich die Reihenfolge der Eigenschaften logisch gewählt oder habe ich das Pferd von hinten aufgezäumt?
> — Höre ich mich belehrend an? Oder untertänig?
> — Spreche ich langweilig „von etwas" oder spannend „auf etwas hin"?
> — Spreche ich trocken oder locker, manchmal humorvoll?

Vielleicht erscheint es Ihnen mühevoll, diese Übung wirklich durchzuführen. Ich kann Ihnen aber versprechen, daß Sie dabei einiges über sich lernen können, was Sie bisher noch nicht wußten.

Schließlich kommen wir noch zu einem wichtigen Nachteil des „Nur-Sprechens", seinem schlechten Wirkungsgrad. Von allen wahrgenommenen Informationen vergessen wir jene wieder am schnellsten, die wir nur durch unser Gehör erhalten. Da wir die Präsentation als den Lernprozeß des Kunden verstehen, wiegt dieser Nachteil besonders schwer. Was können wir tun, um die Lernbarkeit unserer Präsentation weiter zu verbessern?

## Illustration

Hierzu eignet sich die Illustration. Informationen, die wir über Gehör *und* Gesicht aufnehmen (audivisuell), werden nicht so schnell vergessen. Außerdem haben Illustrationen einen Beweiseffekt: Man glaubt einem Foto eher als dem nur gesprochenen Wort. Zur Illustration eignen sich

> Prospekte,
> Fotos (auch selbstgemachte),
> Schaltbilder,
> Blancopapier...

Ich glaube, es hat einen (nützlichen) persönlichen Charakter, wenn in Prospekten handschriftlich individuelle Erklärungen hinzugefügt sind oder der Verkäufer mit Filzstift wichtige Details durch Einkreisen oder Pfeile hervorhebt.

## Demonstration

Die wirkungsvollste Technik zur Präsentation von Nutzen ist jedoch die Demonstration. Der Lernprozeß des Kunden wird intensiv gefördert. Mißverständnisse sind weitgehend vermieden. Bei dieser Darstellungsform entwickeln wir die größte *Beweiskraft*. Verbessern können wir unsere Demonstrationen noch, wenn wir *den Kunden in die Vorführung einbeziehen,* ihn am Produkt arbeiten lassen. Wenn der Kunde die Bedienung eines neuen Gerätes beherrscht, hat er ein wesentliches Stück Vertrautheit mit dieser Problemlösung gewonnen. Dieses Erlebnis verursacht ein meist *unbewußtes Besitzergreifen* von dieser Lösung. Bei jedem Ihrer Produkte sollten Sie wissen, wo das „selber auch mal machen" für den Kunden besonders erlebnisreich ist. Kennzeichnen Sie in Ihrer Vorteilliste diese Merkmale.

Nicht alle Produkte lassen sich ohne weiteres demonstrieren. Denken wir beispielsweise an fördertechnische Einrichtungen oder Produkte, die wegen ihres hohen Wertes nicht immer verfügbar sind. Demonstration bedeutet dann Werksbesuch oder Besuch eines Referenzkunden und damit Steigerung des Zeit- und Kostenaufwandes. Grundsätzlich können wir aber festhalten: Wählen Sie zur Darstellung von Produkteigenschaften immer die jeweils stärkste, aber wirtschaftlich vertretbare Form:

> Argumentieren Sie nicht, wenn Sie illustrieren können.
> Illustrieren Sie nicht, wenn Sie demonstrieren können.

# 6.2.  Kommunikationsverhalten

## 6.2.1.  Senden und Empfangen

Geht es Ihnen auch manchmal so? Sie wollen in einem Gruppengespräch etwas sagen. Ganz wichtige Informationen liegen Ihnen auf der Zunge. Sie beugen sich nach vorn, Ihre Gestik will den Redefluß eines anderen unterbrechen — aber Sie kommen nicht zu Wort. Endlich können Sie Ihren Satz anbringen, aber die Zuhörer zeigen nicht die erwartete Wirkung. Denn inzwischen hat das Gespräch eine andere Wendung genommen, der Sie nicht gefolgt sind. Sie waren nämlich „auf Sendung".

Die meisten Menschen lassen sich durch Gedanken, die ihnen in den Kopf schießen, so sehr beherrschen, daß sie für die Worte eines anderen dann keine rechte Aufmerksamkeit mehr haben. (Geht es Ihnen da anders?) Diese Tatsache hat für uns eine wichtige Konsequenz:

Der Kunde ist nicht voll aufnahmefähig, wenn er etwas auf der Zunge hat und es nicht aussprechen kann. Er hört nicht zu, wenn ihm der Verkäufer in diesem Moment wichtigen Nutzen erklärt. Viele Verkäufer vermeiden es geradezu ängstlich, sich vom Kunden unterbrechen zu lassen. Kommt es bei Ihnen auch vor, daß Sie Sprechpausen vermeiden, weil der Kunde durch Gestik oder Gesichtsausdruck signalisiert, daß er Ihnen ins Wort fallen will? Wenn Sie dann weitersprechen, kommen Ihre Gedanken beim Gesprächspartner nicht an! Also seien Sie lieber bereit, sich ins Wort fallen zu lassen. Es macht zwar etwas ärgerlich, dient aber einer höheren Aufnahmebereitschaft des Kunden. Als Regel halten wir also fest:

> Immer wenn der Kunde signalisiert, daß er etwas „auf der Zunge hat", den eigenen Redefluß unterbrechen und ihm Gelegenheit geben, sich mitzuteilen.

Manche Kunden haben allerdings ein so starkes Mitteilungsbedürfnis, daß sie die Schilderung eines längeren Gedankenganges so störend unterbrechen, daß der Zusammenhang verlorengeht. Versuchen Sie, auch dann die Ruhe zu bewahren, und sagen Sie etwa: „Darf ich den Gedankengang vielleicht kurz zu Ende führen? Unter Umständen beantwortet sich Ihre Frage dann von selbst."

So bleibt der Zusammenhang Ihrer Schilderung erhalten, das Mitteilungsbedürfnis des Gesprächspartners wurde ernstgenommen und seine „Empfangsorientierung" wieder hergestellt.

So einfach, wie es sich hier liest, ist es allerdings in der Praxis nicht. Besonders Verkäufer, die gern und viel reden, haben es schwer, weil sie nicht empfindsam feinste Signale des Gesprächspartners wahrnehmen. Die „Empfangsorientierung" läßt sich nämlich

durchaus erkennen: Stellen Sie sich vor, ein Kunde schaut Sie offen an, ruhig zurückgelehnt, ohne zu sprechen. Eine solche Haltung hat für den anderen einen starken Aufforderungscharakter, zu sprechen. Ohne Worte (nonverbal) kann man so jemandem „das Wort erteilen", man signalisiert, „ich bin auf Empfang geschaltet, ich will jetzt zuhören".

Wenn hingegen der Gesprächspartner deutlich Luft holt, sich vorbeugt oder die Stirn hebt, signalisiert er, „ich möchte etwas sagen". Unruhiges Sitzen, nervöses Spielen mit den Fingern oder eine verspannte Haltung können verraten, daß er sich nur zum Teil mit dem Gesprächsthema beschäftigt, seine Gedanken außerdem noch woanders sind.

Je empfindsamer die Antennen des Verkäufers für solche **Körpersignale** sind, desto realistischer kann er die augenblickliche Gesprächssituation einschätzen, desto deutlicher kann er sehen, ob ein Kunde zur Zeit gerade auf *Sendung* oder *Empfang* geschaltet ist. Die *Empfangsorientierung* des Kunden ist eine wesentliche Voraussetzung zur erfolgreichen Präsentation. Die nützlichen Eigenschaften eines Produktes können nur dann bei ihm „hörbar einrasten" und sind im Moment der Kaufentscheidung präsent.

### 6.2.2. Kontrollieren, was „ankommt"

Bisher haben wir gesehen, welche Fülle von Techniken und Verhaltensweisen eines Verkäufers seine Arbeit fördernd oder hemmend beeinflussen können. Jedoch, selbst ein perfekter Verkäufer, dem in der Wahl seiner Mittel und seiner Sprechtechnik keinerlei Fehler unterlaufen, kann nicht sicher sein, daß seine Erklärungen auch so bei seinem Gesprächspartner „ankommen", wie er es meinte. Die Qualität der Informationsübermittlung wird genauso vom Kommunikationsverhalten des Empfängers beeinflußt.

Beispielsweise kann der Kunde seine Aufmerksamkeit nur vortäuschen, während seine Gedanken in Wirklichkeit ganz woanders sind. Auch können einzelne Begriffe für ihn eine andere Bedeutung haben als für den Verkäufer, unbemerkte Mißverständnisse sind die Folge. Denkbar ist auch, daß er Ausführungen zum Teil nicht versteht, aber nicht fragen mag, um sich keine Blöße zu geben. Die Möglichkeiten, daß der Kunde den Verkäufer nicht so versteht, wie der es meinte, sind jedenfalls unbegrenzt.

Da Mißverständnisse und Informationslücken auch durch besseres Verhalten auf der Seite des Verkäufers nicht ausgeschlossen werden können, müssen wir einen Weg suchen, Fehler und Lücken rechtzeitig zu erkennen, um sie korrigieren zu können. Wir brauchen eine ständige „Rückkopplung" zum Kunden, um zu erfahren, wie unsere Schilderung bei ihm ankommt, wir brauchen **Feedback**. Wie kann das geschehen?

Wie können wir den Kunden zum Sprechen bewegen, und zwar nicht allgemein über irgend etwas, sondern speziell stellungnehmend zu einem eben geschilderten Produktmerkmal und ohne Vorherbestimmung der Antwort? Hierfür setzen wir ein bereits bekanntes Mittel ein, eine nonverbale Aufforderung:

---

**Schweigen offenen Blicks**
Wenn wir ausgeredet haben, wenden wir uns vom Produkt ab, setzen uns zurück (oder richten uns wieder auf) und schauen den Kunden offen an.

---

Dieses Verhalten wird den Kunden unbewußt veranlassen, stellungnehmend das Wort zu ergreifen. Probieren Sie es aus. Sie werden überrascht sein.

So kommen wir von der **Einweg-Kommunikation** — bei der nur einer redet, der andere ständig zuhört — zur **Zweiweg-Kommunikation,** dem Informationsaustausch in beiden Richtungen.

Es läßt sich experimentell nachweisen, daß die Qualität der Informationsübermittlung bei der Zweiweg-Kommunikation ganz erheblich höher ist als bei der Einweg-Kommunikation.

Zwei Punkte machen es vielen Verkäufern schwer, Zweiweg-Kommunikation zu praktizieren:

1. Die Erklärung eines Produktmerkmals dauert etwas länger (der andere stellt „dumme Fragen").
2. Es ist manchmal ärgerlich, wenn man das Gespräch nicht allein gestalten kann, wenn der *gemeinsame* rote Faden erst erkämpft werden muß.

Beides wird der gute Verkäufer im Interesse eines besseren Informationsaustauschs gern in Kauf nehmen.

Vielleicht leuchtet Ihnen die Wirksamkeit des aufmerksamen Schweigens — Hinhorchens — sofort ein, vielleicht schütteln Sie ungläubig den Kopf. Leider läßt sich diese Methode nicht deutlicher beschreiben, denn das entscheidende hierbei bewirken die das Schweigen begleitenden *Gefühle* der beiden Gesprächspartner. Man muß die Anwendung der Methode an sich selbst und an anderen *erleben*.

## 6.3. Gesprächsmethodik

Viele Verkäufer machen es bei der Präsentation bisher so: Auf den Kunden wird eine Salve von „Verkaufsargumenten" abgefeuert, unterstützt durch jeden erdenklichen Show-Effekt, den das Produkt hergibt. Dabei kommt der Kunde möglichst nicht „störend" zu Wort, er ist einfach sprachlos.

Bei der Definition des Teilziels, das wir mit der Präsentation erreichen wollen, ist sicher deutlich geworden, wie sehr dieses in der Praxis häufig geübte Verfahren unserer Forderung nach Verständlichkeit und Einprägsamkeit zuwiderläuft. Um diesen Teil der Verkaufsarbeit zu verbessern, wollen

wir zunächst den Begriff **„Verkaufsargument"** differenzierter betrachten.
Verkaufsargumente spielen in den Überlegungen wohl aller Verkäufer eine wichtige Rolle. Damit sind meist besonders originelle Formulierungen über bestimmte Produkteigenschaften gemeint. Lassen Sie uns nun jedoch einmal unabhängig von der Originalität einer Formulierung untersuchen, auf welche verschiedene Weisen von Produkteigenschaften gesprochen werden kann. Ich möchte drei Möglichkeiten anführen:

*1. Man kann die Produkteigenschaft beim Namen nennen.* Themenartig kann man so auf eine bestimmte Eigenschaft eines Produktes hinweisen: „Stabile Bauweise."

*2. Man kann die Funktionsweise einer Produkteigenschaft erläutern.* Hierbei wird erklärt, wie die Eigenschaft zustande kommt oder wie ein Merkmal funktioniert. Die stabile Bauweise mag auf diesen Konstruktionsprinzipien beruhen: „Das Gehäuse besteht aus 2 mm dickem Stahlblech, in dem alle empfindlichen Teile federnd aufgehängt sind."

*3. Man kann die Auswirkungen einer Produkteigenschaft aufzählen.* Entscheidend für den Kunden ist ja nicht die stabile Bauweise an sich, sondern vielmehr deren **Auswirkungen** in der Praxis: „Zuverlässiger Einsatz auch bei mobilem Betrieb, geringe Reparaturanfälligkeit usw." Diese „Transfer-Überlegung" (Was bedeutet die Produkteigenschaft für mich als Kunden?) ist infolgedessen die für den Kauf entscheidende!

> Alle drei Formulierungsformen fassen wir stichwortartig zusammen in den Begriffen
> **Thema, Funktion** und **Auswirkungen**

und entwickeln daraus eine Gesprächsmethode, die uns hilft, verständlich zu sprechen und zu kontrollieren, ob unsere Erklärungen beim Gesprächspartner richtig ankommen.

Das erste Stück mehr Verständlichkeit erreichen wir allerdings durch *Weglassen!* In der Stufe *Interessenlage aufdecken* haben wir zwischen *Vorteil* und *Nutzen* unterschieden. Wenn wir uns bei der Präsentation auf jene Merkmale und Produkteigenschaften beschränken, die dem Kunden *Nutzen* bringen, hat er weniger Informationen aufzunehmen. Die für ihn ausschlaggebenden Punkte treten um so deutlicher hervor. Also darf der Verkäufer nicht der Versuchung erliegen, alles erklären zu wollen, was er weiß, sondern:

> Konzentrieren Sie sich auf die **kaufentscheidenden** Produkteigenschaften! (Sie kennen ja die Interessenlage des Kunden!)

Die Gesprächsmethode, die ich im folgenden beschreibe, kümmert sich nur um *diesen* Nutzen. Sie vollzieht sich in vier Schritten:

> Gesprächsregel für die Präsentation
> 1. **Thema,**
> 2. **Funktion,**
> 3. **Schweigen offenen Blicks,**
> 4. **Auswirkungen.**

Zunächst möchte ich die Bedeutung der Begriffe im einzelnen erläutern:

**1. Thema**

Wenn der Kunde Empfangsbereitschaft zeigt, benennen wir das Produktmerkmal, das wir erklären wollen. Wir nennen das Thema. Warum? Weil der Kunde unter Umständen in diesem Moment durch ein anderes Merkmal „gefangengenommen" ist. Durch die Nennung des Themas bringen wir den Gesprächspartner auf den Ausgangspunkt der folgenden Funktionsbeschreibung. Er ist von Anfang an dabei.

**2. Funktion**

Nachdem wir das *Thema* genannt haben, weiß der Kunde, wovon wir reden wollen.

Nun erläutern wir die Funktionsweise des entsprechenden Merkmals. Damit geben wir die wichtige Begründung für den Nutzen. Eine Gegenüberstellung zweier Beispiele zeigt Ihnen die Wirkung der **Funktionsbeschreibung**:

Verkäufer: „Dies ist der robusteste Lichtstrahl-Oszillograph auf dem deutschen Markt."

Der Kunde sagt: „Aha, sehr interessant", denkt aber: „Verkäufer lügen wie gedruckt".

Die **Behauptung** des Verkäufers überzeugte ihn nicht, das Merkmal „Störsicherheit bei rauhem Betrieb" fällt für ihn unter den Tisch.

Ein anderer Verkäufer schildert die Funktion: „Bei diesem Oszillographen besteht das optische System und die Registrierpapierführung aus einem einzigen Spritzgußteil." Damit hat er geschildert, *warum* das Gerät so robust ist, wie die Robustheit „funktioniert". Diese Schilderung hat einen Beweiseffekt. Erkennen Sie den Unterschied zu dem Verkäufer, der die Form der Behauptung wählte?

Schildern Sie also die Funktionsweise der Produkteigenschaft. Begnügen Sie sich nicht damit, diesen Schritt nur zu streifen, in der Annahme, der Kunde wisse es schon. Gerade bei diesem Schritt wird ein „unbewußtes Besitzergreifen" gefördert, weil der Kunde hier oft etwas Neues lernt.

### 3. Schweigen offenen Blicks

Wir könnten nach der *Funktionsbeschreibung* weitersprechen und gleich die *Auswirkungen* anfügen. Dies wäre aber aus zwei Gründen ein Fehler:

1. Wir nehmen dem Kunden Gesprächsstoff weg, so daß es für ihn um so schwerer wird, das Wort wieder zu ergreifen.

2. Normalerweise kommt der Kunde ganz von allein auf die Bedeutung, die eine Produkteigenschaft für ihn hat. Niemand läßt sich aber gern erklären, was er schon weiß.

Wenn wir nach der Funktionsbeschreibung „offenen Blickes schweigen", wird der Kunde meist stellungnehmend das Wort ergreifen und uns mitteilen, wie sich das eben Erklärte aus seiner Sicht darstellt. Wir bekommen **Feedback**! An seiner Schilderung können wir erkennen, ob er uns richtig verstanden hat, ob die Produkteigenschaft bei ihm „angekommen" ist.

### 4. Auswirkungen

Es ist nun unsere Aufgabe, zu überwachen, ob der Kunde im weiteren Gesprächsverlauf sämtliche Auswirkungen einer Eigenschaft entdeckt. *Am besten ist es, wenn der Kunde die Konsequenzen des Produktmerkmals vollständig selbst findet. Der Lerneffekt ist so am größten.*

Natürlich kann aus den Ausführungen des Kunden auch deutlich werden, daß Mißverständnisse vorliegen oder gar Kritik. Derartige Gesprächsprobleme betrachten wir später im Kapitel *Einwandbehandlung*.

Erst wenn die Auswirkungen eines Merkmals erschöpfend besprochen sind, wenden wir uns dem nächsten Merkmal zu und demonstrieren so Merkmal für Merkmal „die Vorteilliste herunter".

Vielleicht erscheint Ihnen diese Gesprächsmethode kompliziert. Tatsächlich laufen aber Verkaufsgespräche technischer Produkte oft unbewußt schon so ab: Der Verkäufer deutet auf ein Detail des Produktes *(Thema)*, erklärt, wie es funktioniert oder bedient wird *(Funktion)*, hält am Ende der Ausführungen inne und schaut den Kunden an *(Schweigen offenen Blicks)*. Der wiederum antwortet etwa so: „Das ist ja günstig! Dann brauche ich nicht mehr zu justieren." *(Auswirkungen)* Oder Fehler, Kritik oder Mißverständnisse werden an dieser Stelle geklärt. Erst dann wendet sich der Verkäufer der nächsten zu erklärenden Produkteigenschaft zu.

Die bewußte Anwendung der Methode erfordert beim Sprechen auch weniger Konzentration, als Sie im Moment glauben mögen. Sie schützt davor, daß Zwischenfragen des Kunden und andere Ablenkungen Ihre Gedanken in Unordnung bringen und Ihre Argumentation unsystematisch und konfus wird. Sie sind „didaktisch programmiert".

Die Reihenfolge der Methode

1. Thema
2. Funktion
3. Schweigen offenen Blicks
4. Auswirkungen

ist logisch aufgebaut. Trotzdem könnte man hier einwenden, die Schilderung eines Merkmals nach dem oben beschriebenen Konzept erfordere viel zu viel Zeitaufwand. Diese Befürchtung ist insofern verständlich, als viele Verkäufer dazu neigen, Ihre Ausführungen in komplizierte Ausschmückungen und blumenreiche Sätze zu kleiden. Wir müssen also im Interesse der Lernbarkeit der Eigenschaften unseres Produktes unsere Sprache versachlichen. Unsere Formulierungen müssen knapp und klar sein. Dann dauert die Schilderung eines Merkmals nach unserem gesprächsmethodischen Konzept nicht länger, als unkonzentriertes und zielloses Sprechen.

Nachdem wir die Funktionsweise der Methode nun kennen, wollen wir die Anwendung an zwei praktischen Beispielen aus der Demonstration eines flip chart verfolgen:

| | |
|---|---|
| Verkäufer: „Sehen Sie hier das hintere Teleskopbein. Es ist an der Tafel oben und unten mit Gelenken befestigt. | *Thema* |
| Wenn alle Beine eingezogen sind, kann es darum als Griff dienen. Sehen Sie, so! Nun kann man die Tafel für den Transport bequem hier anfassen." | *Funktion* |
| Der Verkäufer schweigt und schaut den Kunden an. Dieser gibt zu erkennen, daß er verstanden hat: | *Schweigen offenen Blicks* |
| „Dann hab' ich eine Hand frei. Das ist gut, man hat doch bei Konferenzen eine Unmenge von Kleinigkeiten hin und her zu tragen. Zum Beispiel die Filzstifte..." | *Auswirkungen* |
| Das Gespräche verweilt etwas bei Filzstiften, bis der Verkäufer zum flip chart zurückkommmt: | |
| „Betrachten wir einmal, wie hier die Papierbefestigung gebaut ist. Zuerst werden die zwei Rändelmuttern gelokkert. Dann schieben wir den Block unter diese Schiene und ziehen die Muttern wieder fest. Fertig." | *Thema* *Funktion* |
| Wieder schweigt der Verkäufer und schaut den Kunden an, um ihn zur Stellungnahme zu bewegen usw… | *Schweigen offenen Blicks* |

Diese zwei Beispiele mögen Ihnen gezeigt haben, wie Merkmal für Merkmal nach unserer Gesprächsmethode demonstriert wird.

# 6.4.   Ein Gesprächsbeispiel

Bisher haben wir im Kapitel *Präsentation des Produktes* die Werkzeuge kennengelernt. Abschließend will ich modellhaft beschreiben, wie sich die Anwendung der beschriebenen Methoden in den Gesamtverlauf einer Präsentation einbettet. Natürlich ist jedes Produkt anders zu handhaben, manches läßt sich gar nicht demonstrieren und viele andere produkt- und branchenspezifische Gesichtspunkte erschweren die Umsetzung dieses Beispiels in die Wirklichkeit *Ihrer* Verkaufsarbeit. Ich glaube jedoch, daß Sie die Regeln der Gesprächsmethodik in ihrem Zusammenspiel bei der folgenden Schilderung noch deutlicher verstehen werden.

Es geht um die Präsentation einer Schreibmaschine:

Die Erforschung der Interessenlage abschließend, sagt der Verkäufer:
„Ich konnte mir ein gutes Bild davon machen, worum es bei Ihnen geht, und ich glaube, ich weiß einen Weg."
Damit hat der Verkäufer das Gespräch in die Stufe *Präsentation* übergeleitet. Er ergreift die mitgebrachte Schreibmaschine, stellt sie vor dem Kunden auf den Tisch, schließt sie ans Stromnetz an und legt Papier ein. Er beginnt nicht sofort mit der Demonstration, sondern läßt den Kunden die Maschine eine Weile „befummeln". Die vielen neuen Eindrücke erschweren dem Kunden die Konzentration. Er stellt völlig ungeordnete Fragen, ist aber offensichtlich an den Antworten nicht sehr interessiert. Seine Aufmerksamkeit wird mal durch den Kugelkopf, mal durch die Form, dann wieder durch die Tastatur gefesselt. Der Verkäufer geht darum auf die Fragen nur nebenbei ganz kurz ein, bis bei seinem Gesprächspartner „sichtliche Beruhigung" eintritt. Oft schaut der Kunde den Verkäufer schließlich an — unbewußte, nonverbale Aufforderung, mit Erklärungen zu beginnen. Wenn aber gründliche, detaillierte Fragen gestellt werden, deren jetzige Beantwortung die spätere Präsentation beeinträchtigen würde oder deren Begründung zu zeitraubend ist, „vertagt" der Verkäufer die Antwort auf später. Beispielsweise sagt er:
„Ach, darf ich darauf später zurückkommen, ich muß vorher einige Eigenschaften erklären, die damit im Zusammenhang stehen."
Das sichtliche Abklingen des Suchens und Tastens des Kunden signalisiert schließlich: Der Kunde ist empfangsorientiert. Jetzt ergreift der Verkäufer das Wort, er **kündigt** eine **Entdeckung an**:
„Achten Sie bitte einmal auf das, was ich jetzt schreibe."
Der Verkäufer schreibt den Firmennamen des Kunden, jedoch mit einem offensichtlichen Schreibfehler und sagt dazu:

„Schreibfehler sind immer häßlich, besonders, wenn sie beim Firmennamen oder in der Anrede passieren. Normalerweise wird ein neuer Bogen mit Blau- und Durchschlagpapier eingelegt und der Brief neu geschrieben. Bei dieser Maschine erreichen wir genau das gleiche folgendermaßen:
Drücken auf diese Lösch- und Rücktransporttaste, dann Wiederholung des Fehlers und jetzt den richtigen Buchstaben. Fertig."  *Thema*

*Funktion*

Er nimmt das Papier aus der Maschine und hält es gegen das Licht:
„Schauen Sie: Der Fehler ist nicht mit Kreide abgedeckt, sondern aus dem Papier herausgebleicht, er ist wirklich weg."

Der Verkäufer schweigt nun und schaut den Kunden offen an.  *Schweigen offenen Blicks*

Kunde: „Oh! Das spart ja eine ganze Menge Zeit. Wir hatten hier mal eine Sekretärin . . ."  *Auswirkungen*

Das Gespräch läuft über Schreibfehler, die ehemalige Sekretärin, Personalprobleme, ohne jede Strukturierung, ganz offen irgendwohin. Nach wenigen Minuten ebbt es etwas ab. Der Kunde zeigt wieder Bereitschaft, dem Verkäufer zuzuhören. Dieser klappt am Kugelkopf eine kleine Lasche heraus und fährt fort:
„Wenn Sie hieran ziehen, werden Sie überrascht sein."
Der Kunde zieht zaghaft und hat plötzlich den Kugelkopf in der Hand. Er untersucht ihn genauer. Jetzt zu sprechen, hätte keinen Sinn. Wenn der Kunde sich der Maschine wieder zuwendet, nimmt der Verkäufer einen zweiten Kugelkopf aus der Tasche und setzt ihn ein.
„Nun schreibe ich Ihren Firmennamen noch einmal, achten Sie bitte auf die Schrift."  *Thema*

Der neue Kugelkopf hat eine ganz kleine Schrifttype.
„Mit diesem einzigen Griff können Sie die Maschine umrüsten, sie ist jetzt bereit, für Ihre Vertragstexte eingesetzt zu werden. Sie brauchen keine Spezialmaschine mehr und haben auch bei Vertragstexten den Vorteil der Löschtaste, die ich eben erklärte!"  *Funktion*

Wieder schweigt der Verkäufer und gibt das Wort an den Kunden weiter, indem er ihn anschaut. Der Kunde nimmt Stellung, das Gespräch öffnet sich wieder usw. . .  *Schweigen offenen Blicks*
*Auswirkungen*

Sie werden sagen, wenn wir nur immer solche Kunden hätten! Doch erst im Kapitel *Einwandbehandlung* befassen wir uns mit den Problemen der Wechselbeziehung zwischen Gesprächspartnern. Sie würden uns hier nur irritieren.

Man kann an dem Beispiel aber erkennen, daß viel Freiheitsraum neben der methodischen Arbeit bleibt und die Methoden das Verhalten des Verkäufers nicht standardisieren oder ihn gar entmündigen, wie es leider vielfach durch Gesprächsprogrammierung und -übung geschieht.

# 7. Präsentation des Unternehmens

Unterscheidungsmerkmale lassen sich nicht bei jedem Produkt finden. Manche Produkte sind sogar „genormt", so daß durch Bau- und Qualitätsvorschriften Unterscheidungsmerkmale ganz verhindert werden. Es entspricht den Interessen des Käufers, wenn er Produkte kaufen kann, die, obgleich von verschiedenen Herstellern geliefert, austauschbar sind wie Mauersteine. Je weniger Unterscheidungsmerkmale ein Produkt hergibt, desto kaufentscheidender werden nämlich Preis und Lieferzeit. Darum sind Einkäufer meist bestrebt, die Unterschiede zwischen konkurrierenden Angeboten herunterzuspielen, um die eigene Verhandlungsposition im Preisgespräch zu stärken. Viele Verkäufer durchschauen dieses absichtsvolle taktische Bestreben des Einkäufers nicht genug und versäumen es so, die durch das Produkt gegebenen Unterscheidungsmerkmale richtig zu nutzen.

Aber auch wenn zwischen dem eigenen Produkt und dem des Wettbewerbs keinerlei Unterschied festzustellen ist, sind Angebote meist nicht vergleichbar, liegen Unterscheidungsmerkmale vor. Sie sind dort zu finden, wo der auf das Produkt fixierte Verkäufer nicht sucht: im Unternehmen. An einem Beispiel wollen wir erkennen, wie Eigenschaften eines Unternehmens, die mit dem Produkt nur mittelbar zu tun haben, kaufentscheidend sein können:

Ein Hersteller von chemischen Analysegeräten erfreut sich weltweiter Bekanntheit. In die meisten Länder der Erde exportiert er seine Apparate, die er in Deutschland fertigt. Jedes Analysegerät enthält eine Anzahl von Kontaktbauelementen — Tasten, Schalter, Mikroschalter, Relais. Diese Teile kauft er allesamt bei Firma T. Warum? Das kaufentscheidende Argument ist: Firma T. ist in der Lage, „alles aus einer Hand" zu liefern, und Firma T. hat ein weltweites Servicenetz. Damit ist für den Hersteller der Analysegeräte das Ersatzteilproblem weltweit gelöst!

In diesem Beispiel wäre es vom Verkäufer der Firma T. töricht, auf die Präsentation des zusätzlichen Nutzens „umfassendes Lieferprogramm" und „weltweiter Service" zu verzichten.

Das Beispiel zeigt auch, daß die Inhalte der *Präsentation des Unternehmens* für jede Firma durch individuelle Überlegung erst erarbeitet werden wollen. Jeder Verkäufer muß also seine Situation überdenken und sich fragen, welche Eigenschaften seines Unternehmens für den Kunden eine Rolle spielen können. Um diesem Nachdenken eine Richtung zu geben, helfen drei Stichworte:

---

**1. Die Produktgruppen des Unternehmens**

---

Habe ich bei bestimmten Kundengruppen das Argument „alles aus einer Hand"? Ist bei manchen Kunden das Know-how aus anderen Produktgruppen, d.h. die interdisziplinäre Erfahrung meines Unternehmens, von Interesse? Oder konzentriert sich mein Unternehmen auf Entwicklung und Herstellung nur einer Produktgattung, so daß ich als Spezialist auftreten kann? Gibt es bereits Zusammenarbeit mit dem Kunden auf anderen Gebieten? Diese Fragen schöpfen die Möglichkeiten nicht aus, die sich aus der Zusammensetzung eines Lieferprogramms für den Kunden ergeben können. Weitere Denkanstöße lassen sich aus dem zweiten Stichwort herleiten:

## 2. Die Dienstleistungen des Unternehmens

Kann ich „weltweiten Service" anbieten? Wie ist es überhaupt mit dem Service? Kann ich Projektierungshilfe, Unterstützung bei Neuberechnungen, Neuschreiben von Stücklisten usw. in die Waagschale werfen, wenn der Umstellungsaufwand auf mein Produkt die entscheidende Hürde ist? Wie sieht es mit Montagehilfe aus? Welche Garantieleistungen mindern das Risiko für den Kunden, bieten wir Systemgarantie? Befindet sich unsere Niederlassung in Kundennähe? Sind dort Ersatzteile auf Lager oder können wir in Notsituationen mit einem Demonstrationsgerät aushelfen? usw.

## 3. Die Fähigkeiten des Unternehmens

Vergleichen Sie Ihr Unternehmen mit dem Wettbewerb auch im Hinblick auf die Größe, die Organisation, den Standort der Fertigung. Bieten Sie Ihren Kunden als Branchenführer besonders viel Sicherheit oder Fortschritt? Profitiert Ihr Kunde vielleicht von Ihrem konzerninternen internationalen Erfahrungsaustausch? Oder bieten Sie als beratendes Ingenieurbüro Unabhängigkeit von bestimmten Lieferanten?

Diese Hinweise sind nicht vollzählig, können es auch nicht sein. Es kommt für jeden Verkäufer darauf an, daß er den Nutzen selbst findet, den sein Unternehmen bietet und der den Wert seines Angebotes gegenüber dem Wettbewerb steigert. Hier liegt manches Merkmal begraben, das helfen könnte, sich vom Wettbewerb abzugrenzen. Werden zur Herstellung Ihrer Produkte besonders originelle Fertigungsverfahren angewendet? Wie steht es mit besonderen Verdiensten Ihres Unternehmens in der Forschung?

# 8. Präsentation des Preises

Das Gespräch über den **Preis** bedeutet für viele Verkäufer die größte Schwierigkeit im ganzen Verkaufsvorgang. Sie fragen nach Regeln und Methoden, um die auftretenden Probleme zu lösen und um höhere Preise durchsetzen zu können. Jedoch ist es unmöglich, allgemeine Regeln für diese Phase des Verkaufsgesprächs zu entwickeln, weil hier Bedingungen eingehen, die von Branche zu Branche, von Produkt zu Produkt, von Mensch zu Mensch verschieden sind. Wir wollen versuchen, das „Preisproblem" zu analysieren. Diese Untersuchung werden wir in zwei Abschnitten vornehmen. Im ersten Abschnitt geht es um die Einflüsse, die vom Produkt ausgehen, um die „sachliche Ebene" des Problems. Im zweiten Abschnitt wenden wir uns dann der „emotionellen Ebene" des Problems zu, den Einflüssen, die von der Person des Verkäufers ausgehen und zum Verlauf des Preisgesprächs beitragen.

Übrigens, mit „Preis" meine ich die Gesamtheit der **Konditionen. Skonti, Rabatte, Zahlungsziele** und dergleichen werden hier als Bestandteile des Preises gesehen. Es ist ja gleichgültig, ob ein Einkäufer Skonto verlangt oder ein längeres Zahlungsziel, beides verringert den Erlös aus dem Geschäft.

## 8.1. Die Wirkung von Unterscheidungsmerkmalen

Sehr viele Schwierigkeiten in Preisgesprächen erklären sich aus dem Mangel an Unterscheidungsmerkmalen.

Ein Angebot, das sich vom Wettbewerb gar nicht unterscheidet (sog. *vollkommene Konkurrenz*), ist freilich nur theoretisch denkbar. In der Praxis des Investitionsgütergeschäfts kommt dies wohl kaum vor, wie das Kapitel *Präsentation des Unternehmens* zeigte. Das *Monopol* ist das Gegenteil hiervon. Auch das Monopol existiert praktisch nur in der Theorie, denn wohl jedes Problem läßt sich auf verschiedene Weise lösen. Zwischen diesen beiden Extremen — vollkommene Konkurrenz und Monopol — bewegt sich der Verkauf von Investitionsgütern, mal der einen, mal der anderen Seite näher.

Bild 8.1 zeigt die vielfältigen Auswirkungen, die von der Zahl der Unterscheidungsmerkmale ausgehen: Von den Unterscheidungsmerkmalen hängt es danach ab, ob sich ein Verkäufer mehr links, nahe der vollkommenen Konkurrenz, oder mehr rechts, nahe dem Monopol, einordnen kann.

Ziel einer guten Absatzpolitik ist es, sich dem Ideal auf der rechten Seite, dem Monopol zu nähern. Hierzu trägt neben der Produkt- und Unternehmenspolitik oft auch das Kauf- und Mietvertragswesen entscheidend bei. So dient der marktwirtschaftliche Mechanismus, der den Preis nach Angebot und Nachfrage regelt, mehr oder weniger dem Hersteller. Der Verkäufer tut gut daran, in seiner Arbeit die vorhandenen Unterscheidungsmerkmale nach vorn zu rücken und in „seiner" Marktlücke mit größerer Erfolgswahrscheinlichkeit zu arbeiten.

Manch ein Verkäufer arbeitet freilich mit Produkten, die sich vom Wettbewerb kaum unterscheiden. Er leidet unter den hierdurch bedingten Schwierigkeiten und möchte am liebsten so problemlos arbeiten wie im

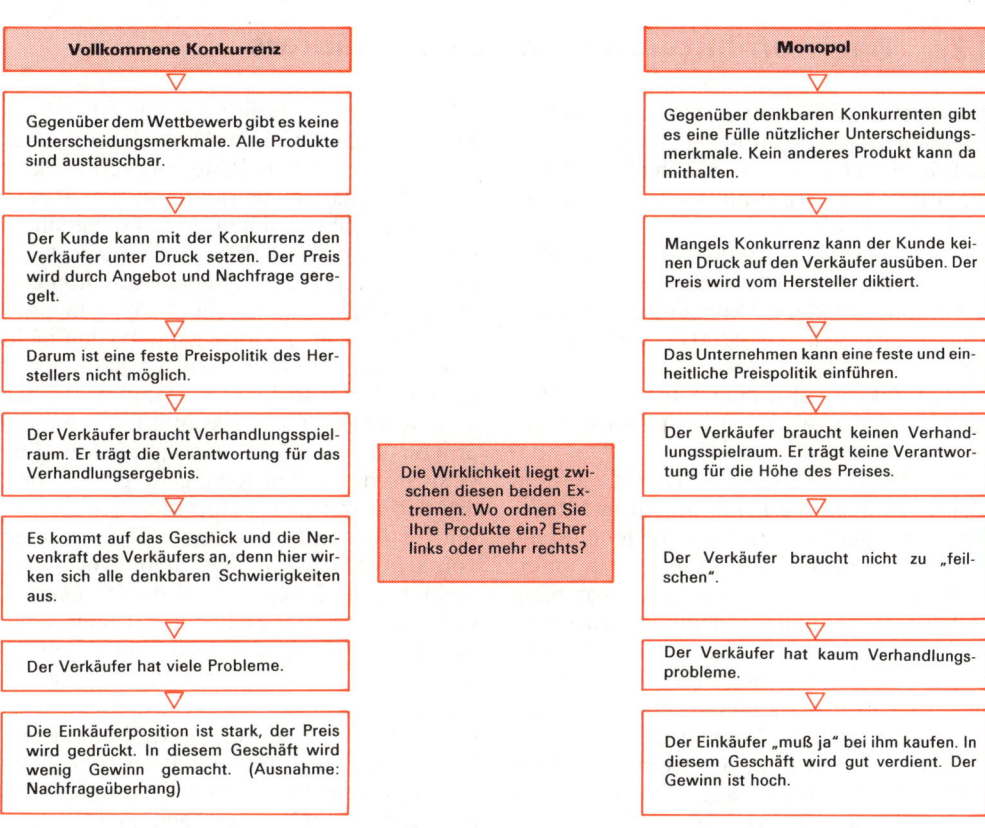

**Vollkommene Konkurrenz**

Gegenüber dem Wettbewerb gibt es keine Unterscheidungsmerkmale. Alle Produkte sind austauschbar.

Der Kunde kann mit der Konkurrenz den Verkäufer unter Druck setzen. Der Preis wird durch Angebot und Nachfrage geregelt.

Darum ist eine feste Preispolitik des Herstellers nicht möglich.

Der Verkäufer braucht Verhandlungsspielraum. Er trägt die Verantwortung für das Verhandlungsergebnis.

Es kommt auf das Geschick und die Nervenkraft des Verkäufers an, denn hier wirken sich alle denkbaren Schwierigkeiten aus.

Der Verkäufer hat viele Probleme.

Die Einkäuferposition ist stark, der Preis wird gedrückt. In diesem Geschäft wird wenig Gewinn gemacht. (Ausnahme: Nachfrageüberhang)

**Monopol**

Gegenüber denkbaren Konkurrenten gibt es eine Fülle nützlicher Unterscheidungsmerkmale. Kein anderes Produkt kann da mithalten.

Mangels Konkurrenz kann der Kunde keinen Druck auf den Verkäufer ausüben. Der Preis wird vom Hersteller diktiert.

Das Unternehmen kann eine feste und einheitliche Preispolitik einführen.

Der Verkäufer braucht keinen Verhandlungsspielraum. Er trägt keine Verantwortung für die Höhe des Preises.

Der Verkäufer braucht nicht zu „feilschen".

Der Verkäufer hat kaum Verhandlungsprobleme.

Der Einkäufer „muß ja" bei ihm kaufen. In diesem Geschäft wird gut verdient. Der Gewinn ist hoch.

Die Wirklichkeit liegt zwischen diesen beiden Extremen. Wo ordnen Sie Ihre Produkte ein? Eher links oder mehr rechts?

*Bild 8.1   Die Wirkung von Unterscheidungsmerkmalen in der Preisverhandlung*

Monopol. Deshalb fragt er nach Rezepten und methodischen Hilfen. Doch sein Wunsch bleibt unerfüllbar. Es gibt keinen anderen Weg, als die Realitäten so zu akzeptieren, wie sie durch die Unterscheidungsmerkmale des Produktes gegeben sind.

Dennoch, zwei Verkäufer, deren Arbeit sich genau gleicht, können unterschiedliche Ergebnisse erzielen und auch auf unterschiedliche Weise von ihren Schwierigkeiten berichten. Welche Einflüsse sind hier also noch wirksam?

## 8.2. Das Konfliktverhalten des Verkäufers

Was ist ein Konflikt und in welchem Zusammenhang steht er mit dem Preisgespräch? Statt **Konflikt** können wir auch **Interessengegensatz** sagen. Beispielsweise nennt ein Verkäufer den Preis:
„Dieses Gerät kostet 5000,— DM." (Denkt: „Ich will, daß Sie 5000,— DM bezahlen.")
Der Kunde erwidert: „Das ist aber zu teuer." (Denkt: „Ich will nur 4700,— DM bezahlen.")
Ein Konflikt ist also eine Situation, in der gegensätzliche Wünsche aufeinanderprallen.
Generell können wir sagen, daß die meisten Menschen negative Erfahrungen mit Konflikten gemacht haben. Verschiedene Interessen wurden als etwas erlebt, was unter „ordentlichen Leuten" nicht vorkommen darf. Kam es dann doch einmal zu einer offenen Auseinandersetzung darüber, dann entstanden für die Beteiligten oft Ärger, Wut und Mißverständnisse, und dennoch wurden dadurch die Spannungen nicht gelöst. Nach Freud folgt der Mensch jedoch dem „Lustprinzip": Er sucht stets Lust zu erlangen und Unbehagen zu vermeiden. Konflikte werden deshalb meist als Störungen bewertet, die es zu vermeiden gilt.
Auf das Preisgespräch übertragen bedeutet dies, daß ein Verkäufer zu Zugeständnissen bereit sein kann, nicht *nur* aufgrund tatsächlichen Konkurrenzdruckes, sondern *auch,* um das Unbehagen des Preiskonfliktes zu vermeiden. Er befürchtet eine ärgerliche Auseinandersetzung, vor der er — zumeist unbewußt — Angst hat. Manche Einkäufer fördern diese Furcht noch, weil sie zusätzlich eine gereizte Atmosphäre schaffen.
Dem Kunden Zugeständnisse machen, bereitet indes Vergnügen, weil Aufgeschlossenheit und Dank zu erwarten sind. Wer demnach in Preisverhandlungen erfolgreich sein will, muß dem „Lustprinzip" zuwiderhandeln, wenn er dem Kunden gegenübersitzt, muß Unbehagen hinnehmen.
Doch die unbewußte Angst vor Konflikten ist nicht die einzig mögliche emotionelle Schwierigkeit im Preisgespräch. Z.B. gibt es Menschen, die sich ihrer Umwelt schwächer darstellen als sie sind. Sie erregen Mitleid, ein Gefühl, das von den anderen gern akzeptiert wird, gibt es ihnen doch Gelegenheit, Hilfsbereitschaft und Größe zu dokumentieren. Haben Sie beispielsweise schon einmal jemanden sagen gehört: „Wegen einer Gehaltserhöhung würde ich den Chef nicht fragen. Ich erwarte, daß er von selbst kommt."? Wer so denkt, verlangt vom Chef, daß dieser den Gehaltskonflikt löst, in dem er von sich aus und unaufgefordert gibt. Ursache dieser Einstellung ist gewöhnlich, daß der Betreffende befürchtet, sich „unverschämt fordernd" vorzukommen, wenn er von sich aus Ansprüche stellt. Um dieses Gefühl des Schämens *(Schuldgefühl)* zu vermeiden, wartet er lieber, oft auch noch mit dem Gefühl, ungerecht behandelt zu werden, bis der Chef tatsächlich von allein kommt.
Übertragen wir dieses Verhalten in das Preisgespräch, in dem der Preis schließlich eine Forderung ist: Einem Verkäufer, der, um Schuldgefühle zu vermeiden, nicht fordern mag, bereitet die harte Preisverhandlung beträchtliches Unbehagen. Einkäufer, die ihren Gesprächspartnern besonders freundlich begegnen, die keine Gelegenheit versäumen, ihren „wirklich guten Willen" zu einer guten (friedlichen) Zusammenarbeit zu zeigen, fördern die Entstehung von Schuldgefühlen noch. Zusätzliche Preisabschläge würden helfen, dies zu vermeiden.
Ein anderes Problem ist wohl jedem Verkäufer geläufig: Ich meine den Einkäufer, der mit dem „erheblich billigeren Angebot der Konkurrenz" droht. Nur wer leichtgläubig ist, kennt nicht die Unsicherheit, die für den Verkäufer dann entsteht und sich in der Frage ausdrückt: lügt er oder lügt er nicht?
Wenn der Einkäufer nun noch Desinteresse zeigt und mit Überheblichkeit den Verkäufer unter Druck setzt, fühlt sich dieser oft ohnmächtig und als Spielball dem Einkäu-

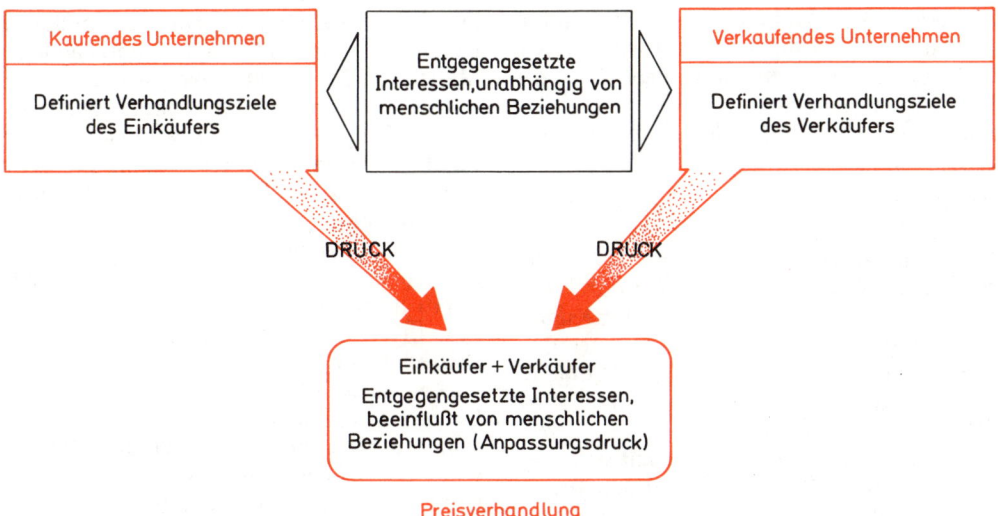

Bild 8.2   *Außendruck und Anpassungsdruck in der Preisverhandlung*

fer-Bluff ausgesetzt. Dieses Gefühl, klein und ohnmächtig zu sein und die Situation nicht beherrschen zu können, ist wohl das häufigste Unbehagen im Preisgespräch. Auch dieses Unbehagen kann vermieden werden: durch zusätzliche Preiszugeständnisse.

Dann gibt es Verkäufer, die immer „ihr Fähnlein in den Wind hängen". Sie passen sich der jeweiligen Umgebung an, indem sie keine *eigene* Meinung vertreten, sondern sich der gerade vorherrschenden Meinung unterordnen. Bild 8.2 zeigt, daß ein Verkäufer dann häufig seine Farbe wechseln muß, denn er ist sowohl Mitglied der Gruppe „verkaufendes Unternehmen" als auch Mitglied der Gruppe „Preisgespräch". Innerhalb der Verkaufsabteilung wirkt er an der Festsetzung der Preise und des Verhandlungsspielraums mit. Diese Zielsetzung wirkt in der Preisverhandlung als „Außendruck" auf ihn selbst. Doch die Beziehung zum Einkäufer hat ihre Eigengesetzlichkeit: sie setzt den Verkäufer einem, seinen Verhandlungszielen (Außendruck) entgegengesetzten Anpassungsdruck aus (Wir wollen doch nicht streiten!). Das Verhandlungser-

gebnis wird also auch davon mitbeeinflußt, wie stark der Verkäufer während der Preisverhandlung von der Beziehung zum Einkäufer *abhängig* ist (Freundlichkeit sucht) bzw. wie unabhängig — *autonom* — er ist (Spannung und Distanz erträgt). Das Anpassespielchen kostet jedenfalls Geld.

Schließlich noch eine letzte Schwierigkeit emotioneller Art: Der Preis wird durch geschicktes Verhandeln des Einkäufers zur Kernfrage des ganzen Verkaufsvorgangs hochstilisiert. Dies erzeugt im Verkäufer eine oft unbegründete Angst, den Auftrag doch noch zu verlieren. Diese Belastung kann so groß werden, daß er die Nerven verliert und sich zu unnötigen Zugeständnissen drängen läßt. Wieder handelt es sich um einen Rabatt, der Angst und Unsicherheit vermeiden soll.

Im Abschnitt 8.1 haben wir die sachlichen Punkte zusammengetragen, die das Preisgespräch erschweren können. Jetzt kennen wir auch die emotionelle Ebene der Problematik.

Freilich, nicht jeder Verkäufer muß mit allen beschriebenen Schwierigkeiten kämpfen. Für manchen bedeutet der Preiskonflikt

keinerlei Hürde. Auf die meisten Verkäufer trifft dies jedoch nicht zu, und wir müssen uns fragen, wie vorhandene Probleme gelöst werden können.
Hierzu will ich im folgenden einige Hinweise geben.

**Probleme** setzen sich immer zusammen aus einem *Tatsachenteil* (Ich habe eine Preiserhöhung mitzuteilen) und aus einem *Gefühlsteil,* einem Unbehagen, ausgelöst durch die Tatsachen (Ich habe Angst, daß der Kunde in Zukunft bei der Konkurrenz kauft). Die Preiserhöhung allein ist noch kein Problem, erst durch die Gefühle des Verkäufers wird die Situation problematisch.
Solch ein Problem wird oft einseitig dargestellt, indem der Betreffende nur den Tatsachenteil sieht und eine Lösung nur auf dieser Ebene anstrebt. Er wird so nicht zu einem befriedigenden Ziel kommen. Erst wer Probleme vollständig sieht, d.h. *Tatsachenteil und Gefühlsteil,* nimmt die Situation realistisch wahr, ist einer Lösung nahe.
Wie kann nun eine Problemlösung auf der emotionellen Ebene aussehen? Wir haben schon bemerkt, daß Preiszugeständnisse helfen, Unbehagen zu vermeiden. So entstehen Probleme erst gar nicht. Doch damit ist keiner zufrieden, denn dieser Weg bedeutet, wegen einer schlechten Gewinnsituation vom Stammhaus gescholten zu werden, *anderen* Ärger auf sich zu nehmen. Dies ist wahrhaftig ein Dilemma. Der Wunsch, eine Methode oder einen Trick zu haben, um dieser Zwickmühle zu entrinnen, ist verständlich, doch unerfüllbar. Kein Trick kann den Verkäufer von seinen unbehaglichen Gefühlen erlösen, es sei denn, er wechselt den Beruf.
Der Platz zwischen dem Hersteller eines Produktes und dessen Markt ist nämlich zu allererst einmal ein Konfliktfeld, gekennzeichnet durch unterschiedliche Interessen. Der Verkäufer ist gerade dazu da, diese Interessen zu beiderseitiger Zufriedenheit auszugleichen. Der Konflikt ist an sich nicht problematisch, und das damit einhergehende Unbehagen des Verkäufers gehört zu seinem Beruf.

Dem einen gelingt es mehr, dem anderen weniger, mit seinen Gefühlen „umzugehen". Manch einer nimmt auch bei härtesten Verhandlungen kein Unbehagen wahr, ja, das Gefecht macht ihm zuweilen sogar Spaß. Wer sich nicht hierzu zählt, versucht vielleicht sich zu helfen, indem er diese Schritte geht:
Er erkennt Konflikte als etwas Natürliches, als den für jede Organisation der Gesellschaft notwendigen Ausgleich der Interessen. Er macht sich klar, daß an diesem Prozeß beide Seiten gleichgewichtig mitwirken müssen.
Er versucht sich Klarheit darüber zu verschaffen, welcher Art sein Unbehagen ist, *wann* und *wie* er Konfliktsituationen unangenehm erlebt. Er versucht also, *hinter den vordergründigen Ärger* zu schauen.
Künftig legt er es nicht mehr darauf an, diese Situationen durch Preiszugeständnisse zu beenden. Vielmehr versucht er, auch seine ihm unangenehmen Seiten etwas näher kennenzulernen und unbehagliche Gefühle zu akzeptieren.
Er wird also Forderungen stellen und in Kauf nehmen, daß er sich dabei etwas schämt. Er wird hart bleiben, auch auf die Gefahr hin, daß der andere böse wird. Oder er wird im Preis nicht nachgeben und damit riskieren, daß er ein Geschäft verliert. Wenn er dies wiederholt tut, wird er sich bald an seine unangenehmen Gefühle „gewöhnen". Er lernt, mit ihnen umzugehen und braucht sie nicht mehr durch unnötige Preiszugeständnisse zu vermeiden. Er ist nicht mehr Opfer seiner Emotionen. Nur so verstummt die Frage nach Rezepten für Probleme, die nicht rezeptiv gelöst werden können.
Der Lernprozeß, der zu einem angstfreien Konfliktverhalten führt, ist allerdings nur selten ohne qualifizierte äußere Hilfe zu bewältigen. Emotionelles Wachstum vermag ein Buch nicht zu vermitteln. Hier liegt die Grenze, die nur ein personenzentriertes Training überschreiten kann.
Es gibt allerdings noch einige Verhandlungskniffe, die darüber hinaus von Nutzen sein können.

## 8.3.   Rezepte für das Preisgespräch

Für den Verlauf des Preisgespräches ist es von entscheidender Bedeutung, auf welche Person sich der Verkäufer primär konzentriert. Meist hat er es im Investitionsgütergeschäft mit zwei Kontaktpersonen zu tun: mit dem Techniker und dem Einkäufer.

Es ist anzustreben, daß der Verkauf vollständig über den Techniker geschieht, so daß der Einkäufer zum „ausführenden Organ" des Technikers wird. Dies nicht, weil im Einkäufer eine besondere Gefahr ruht, sondern, weil meist nur der Techniker in der Lage ist, ein technisches Produkt mit seinen Eigenschaften und Unterscheidungsmerkmalen ganz zu verstehen und in bezug auf Preis und Konkurrenz richtig zu bewerten.

Manchmal finden sich in Einkaufsabteilungen allerdings auch Techniker. Dies fördert das gegenseitige Verstehen und nützt auch dem Verkäufer. Kann doch ein technisch verständiger Einkäufer wichtige Unterscheidungsmerkmale nicht überzeugend herunterspielen, wie es der technische Laie tun kann.

Je weniger Unterscheidungsmerkmale jedoch ein Produkt hat, desto stärker verlagert sich die Kaufentscheidung von der technischen Abteilung zum Einkauf. Anzustreben ist aber diese Regel:

> Möglichst an den *Techniker* verkaufen!

### Wann vom Preis reden?

In den meisten Fällen ist es das vernünftigste, vom Preis erst dann zu reden, wenn das Produkt von seinen Eigenschaften her „verkauft" ist. Erst wenn der Kunde das Produkt ganz kennt und seine Auswirkungen im Falle eines Kaufs übersieht, kann er Verständnis für den Preis aufbringen, vor allem, wenn es sich um einen hohen Preis handelt.

Wenn der Kunde vorher nach dem Preis fragt, verschieben wir die Antwort möglichst auf später. Mit der Frage, „darf ich darauf gleich zurückkommen?" gelingt das leicht. Andere Möglichkeiten sind:

„Auf den Preis will ich gleich ausführlich zu sprechen kommen. Vorher möchte ich nur noch . . ."

„Die Frage nach dem Preis ist nicht einfach mit einer Zahl zu beantworten. Kann ich darum zunächst die Beschreibung der Ausführungsvarianten zu Ende führen?"

Manchmal bestehen Kunden sehr nachdrücklich darauf, schon am Anfang der Beratungsarbeit den Preis zu erfahren. Diesem berechtigten Wunsch kann man sich kaum verschließen. Meist genügt hier auch eine ungefähre Richtzahl. Es ist aber darauf zu achten, daß nicht „gleich nach der Begrüßung" ein detailliertes Preisgespräch entsteht. Je weniger der Preis den Erwartungen des Kunden entspricht, desto größer ist diese Gefahr. Dann muß der Verkäufer das Preisthema um so hartnäckiger „vertagen". Die zweite Regel lautet also:

> Vom Preis erst reden, wenn das Produkt „angekommen" ist.

Freilich ist diese Regel keine unumstößliche Wahrheit. Ein anderer Verkäufer mag gleich am Anfang sagen: „Dieses Gerät kostet Sie etwa 20% mehr als andere ähnliche Ausführungen. Und nun möchte ich Ihnen erklären, warum es sich für Sie lohnt, dieses Geld auszugeben." Etwas plakativ und typisch verkäuferisch, aber warum nicht?

### Wie vom Preis reden?

Die dritte Regel betrifft direkt die Nennung des Preises:

> Preis in Vorteile einpacken.

Die Anwendung dieser Regel sieht beispielsweise so aus: „Dieses Gerät kostet, so wie es hier steht, inklusive Vorteil 1, Vorteil 2 und Zubehör A 23 600,— DM. Darin ist eingeschlossen, Vorteil 3, Vorteil 4 und Zubehör B."

Würde man die Summe einfach trocken aussprechen, hört es sich wie eine schroffe Forderung an. Der Unterschied ist wohl leicht spürbar. Diese Methode, den Preis weich einzuwickeln, kann für solche Verkäufer eine Hilfe sein, denen es schwer fällt, Forderungen anzumelden.

Ein **besonders niedriger Preis** birgt die Gefahr in sich, daß er das Produkt in eine minderwertige Qualitätskategorie verweist. Dies können wir verhindern, wenn wir den niedrigen Preis begründen. Fertigungsrationalisierung, Neukonstruktion und dergleichen können solche Gründe sein.

Ein **hoher Preis** wird sicher durch besonders viele Vorteile gerechtfertigt. Wenn ein solches Produkt sich gegenüber dem Wettbewerb durch eindeutige Unterscheidungsmerkmale auszeichnet, braucht der Verkäufer sich des Preises nicht zu schämen. Wie wir schon wissen, ist der Verkauf derartiger Produkte besonders einfach.

Wenn ein **Konkurrenzangebot wesentlich billiger** ist — sicher kann es dann auch weniger — verweisen Sie es in eine andere Kategorie. Halten Sie an Ihrer Preis-Nutzen-Kategorie fest. Prüfen Sie gegebenenfalls, ob der Kunde wirklich in „Ihre" Marktlücke gehört. Wenn ein billigeres Produkt die Interessenlage des Kunden voll berücksichtigen kann, haben Sie mit „überflüssigen Vorteilen" geringe Erfolgswahrscheinlichkeit.

Bei **geringen Preisunterschieden** zum Wettbewerb sollten Sie mit der Preis*differenz* argumentieren und diesen oft unbedeutenden Betrag ins Verhältnis zu Ihrem Zusatznutzen stellen.

**Zum Schluß wird der Verkäufer in die Mangel genommen.** Das Problem, um das es jetzt geht, betrifft auch solche Verkäufer, deren Unternehmen eine feste Preispolitik hat und die normalerweise über Preise nicht mit sich reden lassen.

Es handelt sich zum Beispiel um ein technisch kompliziertes Produkt, von dem nur Spezialisten etwas verstehen. Die Kaufentscheidung ist durch die technische Abteilung de facto schon gefallen. Doch nun schaltet sich der Einkäufer ein und führt — oft telefonisch — ein letztes Gespräch mit dem Verkäufer. Er will versuchen, seine Beredsamkeit, die man sonst eher Verkäufern nachsagt, in Rabatt, Skonto oder verlängerte Zahlungsziele umzumünzen. Ein ausgewogenes Gespräch mit ihm zu führen, ist jedoch nicht möglich, da er von der technischen Seite dieses Kaufs nichts versteht. Ihm fehlt auch die Kompetenz, an den praktisch getroffenen Entscheidungen noch zu rütteln. Trotzdem fällt es nicht leicht, seinen Wünschen zu widerstehen. Warum?

1. Wir könnten ihm zwar einen Skonto geben, das liegt vielleicht in unserer Kompetenz. Aber schließlich hat man ja einen sportlichen Ehrgeiz und wird, genau wie der Einkäufer, angespornt, nichts zu verschenken. Wir *wollen* also nur nicht. Oft ist das „ich will aber nicht" die ehrlichste Begründung unserer Verhandlungsposition. Diese Wahrheit mögen wir dem Einkäufer nicht mitteilen. Da wir uns andere Begründungen unserer Ablehnung aber nicht zurechtgelegt haben, fehlen uns Rechtfertigungsargumente. Unsere Ablehnung erscheint schließlich sogar uns selbst als nicht haltbar, die Knie werden weich.

2. Für den Einkäufer wird die Ablehnung seines Wunsches nach besseren Konditionen zu einem persönlichen Mißerfolg. Er braucht für sich selbst und für seinen Chef Argumente, die diese Niederlage rechtfertigen: „Es geht hier wirklich nicht billiger."

In beiden Fällen ist unsere Position durch den Mangel an Rechtfertigungsargumenten geschwächt. Wir können uns infolgedessen wappnen, indem wir logische Begründungen vorbereiten, die unsere Ablehnung von Rabatt und Skontowünschen rechtfertigen.

Manchmal nehmen Einkäufer vier-, fünfmal „Anlauf" und versuchen, mit immer neuen Begründungen mal Skonto, dann Sonderrabatt, schließlich längere Zahlungsziele, geänderte Garantiebedingungen usw. berechtigt erscheinen zu lassen. Jedesmal muß der Verkäufer das schroffe „nein" vermeiden und statt dessen „bedauernd begründen, warum das nicht geht". Die letzte Regel lautet also:

> Die Ablehnung von Rabatt und Skonto immer begründen.

Hier ein paar Beispiele:
„Leider kann ich einen Rabatt nicht mehr geben. Wir haben ihn in der Kalkulation nicht vorgesehen."

„Skonto ist der teuerste Kredit der Wirtschaft. Wir liefern deshalb grundsätzlich 30 Tage netto."

„Unsere Geräte haben ein ausgezeichnetes Preis-Leistungs-Verhältnis. Was wir liefern ist gut und hat seinen Preis. An unserer Preispolitik kann nicht gerüttelt werden."

Auf die Dauer bleibt der Verkäufer in seinem Markt allerdings nur glaubwürdig, wenn er bei der Wahrheit bleibt. Dies fällt bei einer festen Preispolitik leichter.

# 9. Einwandbehandlung

In diesem Kapitel wenden wir uns den Problemen zu, die durch Reaktionen und Einwendungen des Kunden aufgeworfen werden. Tatsächlich ist ja ein Verkaufsgespräch keine einseitige Angelegenheit, wie wir es im Kapitel *Präsentation* vereinfacht darstellten, sondern eine Wechselbeziehung zwischen Kunde und Verkäufer.

Kunden bringen Verkäufer durch kritische Bemerkungen zuweilen in arge Bedrängnis. Solche „Störungen" durch den Kunden, *Einwände* genannt, sinnvoll *behandeln* zu können, ist in jedem Verkaufsgespräch mehrmals notwendig. Viele Verkäufer glauben, ihre Fähigkeit hierzu steigern zu können, indem sie Standardantworten lernen und „im richtigen Moment" anwenden. Etwa so:

Einwand: „Zu teuer!"

Antwort: „Im Verhältnis wozu finden Sie es zu teuer?"

Sie wollen ihre Gesprächsprobleme gleichsam auf der Ebene der Formulierungsinhalte lösen. Ein Verkäufer von Investitionsgütern wird dem Niveau seiner Partner mit einer solchen Gesprächsführung allerdings wohl kaum gerecht. Ferner übersieht er dabei eine Erkenntnis, die in diesem Buch schon mehrfach auftauchte: daß sich nämlich Gespräche immer auf zwei Ebenen abspielen, auf der sachlichen, inhaltlichen und auf der emotionellen, gefühlsbedingten Ebene. Bezogen auf Einwände können wir auch etwas vereinfacht sagen, die sachliche Ebene wird durch die Frage

> „Was sagt er?"

gekennzeichnet. Die emotionelle Ebene erforscht die Frage,

> „Warum sagt er das?"

Die emotionelle Ebene müssen wir uns genau so bewußt machen wie die sachlichen Inhalte eines Einwandes, wenn wir richtig reagieren wollen. Sonst sprechen wir nur mit dem „halben Menschen". Oft sind die emotionellen Gesprächsantriebe sogar gewichtiger als die sachlichen Inhalte. Ein Beispiel soll die Doppelbödigkeit von Einwänden illustrieren und zeigen, wie wenig rezeptartige Standardantworten der tatsächlichen Situation in Gesprächen gerecht werden:

Ein Kunde sagt: „Diese Drucktasten sind zu dicht beieinander. Man kann ohne Absicht mehrere betätigen, wenn man nur auf eine drücken will."

Unserer Ansicht nach handelt es sich hierbei um eine unbedeutende Nebensache. Aber was tun? Wir könnten auf den Inhalt des Einwandes gleich eingehen. Meistens tun wir das spontan und ohne weiteres Nachdenken: „Naja, das hat man doch schnell gelernt..." Doch durch dieses vielleicht sogar berechtigte Bagatellisieren setzen wir den Kunden ins Unrecht. Er wird geradezu gezwungen, dieser Nichtigkeit Gewicht zu verleihen. Unsere reflexartige Antwort wäre also nicht zweckmäßig. Um besser antworten zu können, sollten wir uns noch fragen: *Warum* sagt er das? Hier haben wir beispielsweise den Eindruck, unser Gesprächspartner wolle sich nur zur Geltung bringen („Ich weiß was!"). Haben wir damit recht, dann sind die Schalter selbst unwichtig. Sie dienen dem Kunden nur als Mittel, um sich zu Wort zu bringen. Sie sind das Vehikel, mit dem er die wirkliche Absicht verfolgt, sich mehr Geltung zu verschaffen.

Die Fähigkeit, hinter den Aussagen des Gesprächspartners seine Empfindungen, Emotionen und Absichten wahrzunehmen, nennt man Einfühlsamkeit oder Sensitivität. Sie gründet sich auf einer guten Wahrnehmungsfähigkeit für **Körpersignale** des Gesprächspartners, für Veränderungen im Klang seiner Stimme und dergleichen. Diese Wahrnehmungen sind allerdings mehrdeutig. So können Stirnfalten Nachdenklichkeit, Erstaunen, Skepsis wie auch Ärger signalisieren. Sie müssen gedeutet werden. Die Gesamtheit derartiger Wahrnehmungen richtig zu interpretieren, nennt man vielfach auch — freilich nicht ganz korrekt — **Menschenkenntnis**.

Diese Fähigkeit ist in unterschiedlichem Ausmaß bei den Menschen entwickelt. Da sie nicht über den Weg der theoretischen Wissensvermittlung zu erlangen ist, wollen wir darauf an dieser Stelle nicht weiter eingehen. Aber je empfindsamer wir für andere Menschen sind, desto realistischer nehmen wir sie wahr, desto besser können wir *Einwände behandeln.*

Wir halten fest, daß die richtige Einschätzung eines Kundeneinwandes erst nach Beantwortung zweier Fragen möglich ist:

> Was sagt er?
> Warum sagt er das?

Für die Erarbeitung von Gesprächsmethoden ist es zunächst eine wichtige Voraussetzung, daß wir die möglichen „Störeinflüsse" des Kunden strukturieren. Welche verschiedenen Arten von Kundeneinwänden gibt es denn eigentlich? Es erscheint als ein hoffnungsloses Unterfangen, die vielfältigen Reaktionsmöglichkeiten des Kunden aufzählen, ordnen und in Kategorien zusammenfassen zu wollen. Aber der Schein trügt, denn in den meisten Fällen ist ein besonders „methodisches" Verhalten des Verkäufers gar nicht erforderlich.

## 9.1. Wenn das Gespräch gut läuft

In weiten Teilen laufen Gespräche meist problemlos. Wenn der Verkäufer Produkteigenschaft für Produkteigenschaft in der Reihenfolge unserer Präsentations-Regel

> 1. Thema
> 2. Funktion
> 3. Schweigen offenen Blicks
> 4. Auswirkungen

schildert, wenn dann der Kunde durch seine Bemerkungen zu erkennen gibt, daß er die Auswirkungen übersieht, oder er Mißverständnisse aufdeckt, in dem er von sich aus Fragen stellt, wenn also das spontane Verhalten von Verkäufer und Kunde zu gegenseitigem Verstehen führt, dann sind Regeln der Einwandbehandlung überflüssig. Wo kein Problem ist, da stören Regeln nur.

Indes problematisieren Verkäufer Situationen künstlich. Beispielsweise fragen sie:

*„Soll ich darauf eingehen, wenn der Kunde private und sachfremde Themen anschneidet?"*
Doch wer hat Autorität genug, um diese Frage allgemeingültig und mit Wahrheitsanspruch zu beantworten? Meine Antwort lautet: Tun Sie, wie Ihnen zumute ist. Niemand lasse sich durch Regeln so weit entmündigen, daß er, selbst in Fragen, die auf das Geschäft praktisch keinen Einfluß haben, seinen natürlichen Empfindungen nicht folgt.

Das gilt auch für das folgende „Problem", das keines ist: Wenn die Äußerungen des Kunden erkennen lassen, daß er sich Produkteigenschaften und deren Auswirkungen zu eigen macht:

*„Soll ich den Kunden dann loben, ihm bekräftigend zustimmen?"*

Wenn es für diese Frage eine richtige Antwort gibt, dann wiederum diese: Tun Sie, wie Ihnen zumute ist. Lernpsychologisch wäre ein Lob (die sog. Verstärkung) hier natürlich am Platze, jedoch nur dann, wenn es „echt" gemeint ist. Ein Lob, das ausgesprochen wird, um dem Kunden zu schmeicheln oder ihn lernpsychologisch zu verstärken, also „mit Absicht angewendet", wirkt auf den Gesprächspartner nicht echt, sondern „aufgesetzt", künstlich.

Denn auch der Kunde nimmt Körpersignale wahr. Sie verraten ihm die wirklichen Empfindungen des Verkäufers und lassen ihn seine Absichten erahnen. Wenn diese nonverbalen Informationen den vordergründigen Worten des Verkäufers widersprechen, spricht dieser „mit doppelter Zunge". Entweder weiß der Kunde nun nicht woran er ist, oder er entlarvt das Lob als verkäuferische Waffe, er kommt dahinter. In beiden Fällen ist er dann eher unangenehm berührt.

Viele Verkäufer wissen nicht um diesen Sachverhalt. Wenn sie weniger die „zweckgerichtete Doppelzüngigkeit" und statt dessen „Echtheit" pflegen würden, hätte ihr Beruf in der Gesellschaft sicher nicht den zweifelhaften Ruf, den er heute leider hat. Aber bisweilen ist die Fassade des „typischen Verkäufers" ein weit verbreitetes Vorbild. So erscheint die Forderung nach

---

Echtheit und Selbstkongruenz

---

als ungewöhnlich. Doch wäre sie selbstverständlich, wenn Verkäufer wüßten, wie sie manchmal mit ihrem typisch verkäuferischen Gebaren auf ihre Gesprächspartner wirken. Verhalten Sie sich also grundsätzlich nicht so, wie Sie meinen, daß es von einem Verkäufer erwartet wird, sondern seien Sie Sie selbst.

## 9.2.   Der Kunde kritisiert zu unrecht

Ein sehr häufig auftretendes Gesprächsproblem ist die **nicht berechtigte Kritik** des Kunden am Produkt. Er bemängelt eine Eigenschaft des Produktes, ohne zu wissen, daß diese auf den ersten Blick nachteilige Eigenschaft einen besonderen Sinn hat, manchmal sogar einen Vorteil für ihn bedeutet. So kann beispielsweise erst der unbestreitbare Nachteil „unhandliche Bedienung" auf der anderen Seite den wichtigen Vorteil „kleine Abmessungen" möglich machen.

In einem anderen Fall findet der Kunde ein Gerät viel zu schwer. Der Verkäufer weiß, welchen Sinn das hohe Gewicht hat. Diesen Grund kennt der Kunde aber nicht und so sagt er: „Ihr Gerät ist viel zu schwer!"

Der Verkäufer fühlt sich angegriffen und ärgert sich über diese „dumme Bemerkung". Meist ist er sich seines Ärgers nicht bewußt, aber seine Reaktion verrät ihn: „Nein, nein. Das Gewicht ist genau richtig!"

Er widerspricht der Behauptung des Kunden und geht gleichsam zum Gegenangriff über. Damit setzt er ihn ins Unrecht. Der Kunde wird zur Rechtfertigung seiner Behauptung gezwungen: „Mir ist das zu lästig. Wenn ich daran denke, das immer tragen zu müssen ..."

Darauf der Verkäufer: „Aber das macht doch bei Ihrer ohnehin schweren Werkzeugkiste nicht mehr viel aus!"

Der Streit entwickelt sich. Freilich in höflicher Form. Man weiß ja, was sich gehört. Aber hinter der lächelnden Oberfläche der Gesichter spüren bald beide, daß gekämpft wird.

Der Anlaß zu dieser Meinungskonfrontation war, daß der Kunde — über die Gründe für das hohe Gewicht nicht so gut informiert wie der Verkäufer — voreilig kritisierte. Im *unterschiedlichen Informationsstand zwischen Verkäufer und Kunde* ruhen demnach Gefahren.

Präsentation eines Produktes bedeutet aber eigentlich nichts anderes, als Austragen von Meinungsverschiedenheiten, die auf unterschiedlicher „Informiertheit" beruhen. Für den Kunden ist diese Phase des Verkaufsgespräches deshalb eine ständige Versuchung zur voreiligen Kritik. Damit sind Streitgefahren eines der zentralen Probleme jedes Verkäufers, besonders dann, wenn er nach dem Prinzip der Marktlücke arbeitet, also mit vielen Unterscheidungsmerkmalen. An diesem Sachverhalt können wir nichts ändern.

Wer dennoch die Meinungskonfrontation vermeiden will, muß „Streit" schon in seiner Ursache als solchen erkennen. In unserem Beispiel hatte der Verkäufer kein Verständnis für die „dumme Bemerkung" des Kunden, das Gerät sei zu schwer. Er widersprach ihm und zwang ihn damit zur Rechtfertigung. Hier liegt der Kern des Problems. Darum:

> Widersprechen Sie nicht!
> Weisen Sie niemandem Fehler nach!
> Bagatellisieren Sie keine Einwände!

Dies alles zwingt den anderen, sich zu rechtfertigen. Aggressive, oft schier endlose und im Thema stagnierende gegenseitige Rechtfertigungsprozesse sind die Folge, bei denen jeder nur damit beschäftigt ist, sein Gesicht zu wahren.

Doch damit ist das Problem nicht gelöst. Wie soll man denn einen falschen Einwand richtigstellen, ohne zu widersprechen?

Die an dieser Stelle richtige Reaktion setzt allerdings Verständnis für die voreilige Kritik des Kunden voraus. Nämlich die Einsicht, daß er angesichts seines Informationsstandes richtig urteilt, ihm freilich noch Informationen fehlen: Warum ist das Gerät so schwer? Tatsächlich brauchen wir nicht zu *widersprechen*, wir müssen dem Wissen des Kunden nur *neue Informationen hinzufügen*.

Hierbei kann die folgende Methode als Formulierungshilfe dienen. Sie beseitigt Einwände, ohne sie zu widerlegen. Dabei wahrt der Gesprächspartner sein Gesicht, und es gibt weder Sieger noch Besiegte. Die Methode heißt:

> Ja ... und ... Methode

Diese Formel erklärt sich fast von selbst. Sie besagt, daß der Kunde unter bestimmten Bedingungen Recht hat *(ja) und* unter anderen Voraussetzungen andere Ansichten *auch* richtig sind.

Das *ja* übernimmt damit die Funktion, dem Kunden zu sagen: „Ich verstehe Ihren Einwand. Er ist vollkommen berechtigt." Das *und* drückt aus: „Außerdem ist hier noch dieses und jenes zu bedenken."

Um die Methode vollständig anzuwenden, müssen wir uns zwei Fragen stellen:

In welcher Hinsicht hat der Kunde recht? — *ja* —

Aus welchen Gründen ist mein Produkt so wie es ist? — *und* —

In der Praxis sieht das dann so aus:

Kunde: „Ihr Gerät ist viel zu schwer!"

Verkäufer: „*Ja*, beim Transport ist das Gewicht hinderlich. *Und* das hat auf der anderen Seite folgenden Vorteil: In der Handhabung läßt sich das Gerät ruhiger halten. Es wird weniger verwackelt."

Im nächsten Beispiel tauchen die Wörter *ja* bzw. *und* gar nicht mehr auf. Sie sind weich verpackt, so daß das Formulierungsrezept kaum noch zu erkennen ist:

Kunde: „Die Bedienung ist ja furchtbar tüftelig. Das ist doch nichts für normale Finger!"

Verkäufer: „Die Knöpfe sind ziemlich dicht beieinander. Mh, besonders die Eichung erfordert Geduld. Naja, dieses Gerät ist konsequent auf geringe Abmessungen hin konzipiert."

In diesem Beispiel hat der Verkäufer viele Worte verwendet, um auf den Einwand einzugehen und Verständnis zu zeigen. Der Kunde wird so sicher nicht zur Rechtfertigung gezwungen, er fühlt sich verstanden. Mit dem nächsten Beispiel möchte ich andererseits zeigen, wie aggressiv eine Antwort auf denselben Einwand klingen kann, auch wenn sie nach der *Ja ... und ... Methode* formuliert wird:

Verkäufer: „Ja. Und dafür ist das Gerät auch so klein!"

Diese Antwort können Sie auf verschiedene Weise lesen: schroff und schnell, überheblich und belehrend oder ruhig und verständnisvoll. Der Ton macht die Musik.

Damit möchte ich einmal mehr zeigen, daß die Formulierung allein nicht ausdrückt, *wie* etwas gemeint ist. Wenn das Verständnis für die voreilige Kundenkritik fehlt, wird die Reaktion des Verkäufers Aggressivität enthalten. Die verständnisvolle Einstellung des Verkäufers ist folglich wichtiger als das Rezept seiner Formulierungen.

Übrigens: Haben Sie früher auf solche Einwände mit „ja ... aber" geantwortet? Sie können aus jedem *aber* ein *und* machen. Wenn es Ihnen *nicht* gelingt, ein *aber*, das Sie auf der Zunge haben, in ein *und* zu verwandeln, dann fragen Sie sich bitte, ob Sie nicht *eigentlich* doch *widersprechen* wollten. Die Kluft zwischen Wollen und Tun ist selten so groß, wie bei der Reaktion auf Kritik.

## 9.3.    Der Kunde kritisiert mit Recht

Nicht selten sind Produkte mit tatsächlichen Nachteilen behaftet. Das zu laute Motorgeräusch, der zu kleine Griff, die vergessene Kontrollampe, die mangelnde Anpassungsfähigkeit und vieles andere mehr veranlassen die Kunden zu Einwänden, auf die es zwar ein *ja*, jedoch kein *und* gibt.

Zum Teil handelt es sich hierbei um Nebensächlichkeiten, die den Auftrag nicht gefährden. Sind die Nachteile allerdings zahlreicher oder in ihrer Bedeutung für den Kunden wichtiger, dann gerät das Geschäft an die Bruchgrenze, weil die Interessenlage des Anwenders nicht ausreichend berücksichtigt wird. Hier hilft dann keine Einwandbehandlung mehr, sondern nur ein anderes Produkt.

Befassen wir uns also mit solchen Nachteilen, die unsere Erfolgswahrscheinlichkeit *nicht zunichte* machen. Derartige Nachteile spielen wohl in jedem Verkaufsgespräch eine Rolle. Da der Kauf eines Produktes immer ein Kompromiß zwischen dem liebsten Wunsch eines Kunden und seinen wirtschaftlichen Möglichkeiten darstellt, sind Nachteile etwas ganz normales. Diese Realität wird von vielen Verkäufern übersehen, und so erleben sie entsprechende Kundeneinwände als problematisch.

Da ist beispielsweise der Verkäufer, der sich als „Diener des Kunden" versteht und ihm keinen Wunsch abschlagen mag. Er möchte jeden Konflikt mit dem Kunden vermeiden und wendet sich lieber an das Stammhaus, mit der Bitte um Kalkulation einer Sonderausführung, um oft unwichtige Nachteile kostspielig zu beseitigen. (Natürlich müssen Nachteile schließlich beseitigt werden, jedoch in der Serie und nicht in Einzelfällen.)

Es gibt auch Verkäufer, die berechtigte Kritik am Produkt nicht wahrhaben wollen. Sie versuchen Nachteile zu rechtfertigen oder deren Auswirkungen zu bagatellisieren. Aus dem vorhergehenden Abschnitt wissen wir bereits, wie leicht hieraus ein Streitgespräch entstehen kann, in dem beide Seiten dem Rechtfertigungszwang unterliegen. So dauert die Diskussion nachteiliger Punkte oft lange, und man spricht mehr darüber, was das Produkt *nicht* kann, als darüber, was es *kann*. Nachteile schwächen die Erfolgswahrscheinlichkeit immer. Wer lange über Nachteile diskutiert, trägt zu einer weiteren Schwächung bei. Statt dessen muß das Ziel des Verkäufers sein:

Das Gespräch über Nachteile so kurz und unauffällig wie möglich halten.

Wie kann das geschehen?

Mancher Verkäufer denkt, einen Produkt-nachteil deutlich (ängstlich) vor Augen: „Vielleicht merkt der Kunde es nicht." Doch das ist ein Spiel mit der Dummheit der ande-ren, auf die bekanntlich kein Verlaß ist. Kunden, die Investitionsgüter kaufen, sind meist zu fachkundig, um Nachteile einfach zu übersehen.

Wer also als Verkäufer von sich aus Nach-teile zur Sprache bringt, „verschenkt" nichts. Im Gegenteil, er gewinnt durch seine Offen-heit Vertrauen. Etwa so:

„Das Motorgeräusch ist nicht sehr ange-nehm. Ich sage das gleich, damit Sie sich darauf einstellen können."

So nützlich es sein kann, Einwände vorweg-zunehmen, so unmöglich ist es auch, *alle* Nachteile vorher anzusprechen. Womit kann das Gespräch begrenzt werden, wenn der Kunde einen Nachteil nennt?

Kunde: „Das Motorgeräusch ist ja sehr laut!"
Verkäufer: „Ja, das muß man bei diesem Gerät in Kauf nehmen."
Jedes weitere Wort vom Verkäufer wäre zuviel. Versteht er es, diesen Satz ganz knapp und unauffällig auszusprechen und dann zu schweigen, wird der Kunde meist das Thema wechseln.

In der *angstfreien, nüchternen Zustimmung und anschließendem Schweigen* liegt die einzige Chance, das Thema Nachteil zu begrenzen. Der Kunde braucht sich nicht zu rechtfertigen, denn sein Einwand wurde „angenommen". Da der Verkäufer nicht redet, fühlt sich der Kunde gedrängt, das „unangenehme" Schweigen zu brechen und spricht dann meist über einen anderen Aspekt des Produktes. Oft nimmt er auch an dieser Stelle seinen eben ausgesprochenen Einwand wieder zurück oder spielt ihn selbst herunter. So gewinnt der Nachteil keinen unangemessenen Raum im Ge-spräch, er verliert sogar an Bedeutung.

Freilich wird es nur wenigen Verkäufern gelingen, das Schweigen in dieser Weise als Gesprächsmittel einzusetzen. Ein angstfrei-es Konfliktverhalten ist die Voraussetzung hierzu.

Doch was ist zu tun, wenn der Kunde den Einwand wiederholt oder gar auf ihm „her-umreitet"? Diese Situation kennt jeder Ver-käufer. Sie ist mit der Unsicherheit verbun-den, ob der Kunde den Nachteil wirklich so ernst nimmt, das Geschäft also tatsächlich gefährdet ist, oder ob er nur so tut, um viel-leicht den Verkäufer „abzuwimmeln" oder sonstwie irrezuführen. Aus dieser Unsicher-heit weist der folgende Abschnitt einen Weg.

## 9.4.    Der Kunde argumentiert mit Schutzbehauptungen

**Schutzbehauptung** ist ein feinerer Aus-druck für Vorwand. Sie entspricht nicht der Wahrheit und dient zur Irreführung des Verkäufers oder dazu, eine Schwäche zu verbergen.

Sicher haben Sie auch manchmal das Ge-fühl, Ihr Gesprächspartner argumentiert mit vorgeschobenen Argumenten. Er ist „schwammig" und „nicht zu packen". Die folgende kleine Geschichte zeigt, wie so etwas passieren kann:

Der Betriebsleiter einer Maschinenfabrik weiß, daß bald das Problem auf ihn zu-kommt, eine neue Drehbank zu kaufen.
Die Mittel sind aber noch nicht bewilligt. Trotzdem ruft er bei den in Frage kommen-den Lieferanten an, die daraufhin Verkaufs-vorgänge einleiten. Die Bewilligung der Mittel verzögert sich, und der Betriebsleiter muß die „Kaufverhandlungen" in die Länge ziehen. Die Schwäche, selbst über den ent-sprechenden Etat nicht verfügen zu können,

mag er nicht zugeben. Statt dessen sagt er: „Ihre Maschine gefällt mir, aber sie ist noch zu teuer."

Wenn der Verkäufer diese Behauptung glaubt und in einem neuen Angebot den Preis senkt, ist er dadurch dem Geschäft nicht näher gekommen.

*Wer auf Schutzbehauptungen mit Aufwand reagiert* (neue Zeichnungen, neues Angebot, Kalkulation einer Sonderausführung ...), *arbeitet absolut „für die Katz".* Kaufen heißt, nach der *wirklichen* Interessenlage handeln, nicht nach einer *vorgetäuschten.* Wir müssen das eine vom anderen unterscheiden können und *Schutzbehauptungen* als solche erkennen.

Hier hilft die **hypothetische Frage.** Sie ist für die verkäuferische Arbeit sehr nützlich. Darum sollte jeder Verkäufer ihre Formulierung beherrschen. Hier ein paar Beispiele:

„Angenommen, Problem A bestünde nicht, würden Sie sich dann für dieses Produkt entscheiden?"

„Lassen wir einmal Problem B beiseite. Trifft diese Ausführung sonst Ihre Vorstellungen?"

„Stellen Sie sich vor, Problem C existiere nicht. Stimmen Sie dann dieser Lösung zu?"

Dies ist also eine Entscheidungsfrage (Antwort ja oder nein), deren in ihr enthaltener Umstand (Problem wird ausgeklammert) nicht Wirklichkeit — hypothetisch — ist. Wie durch diese Fragestellung Vorwände von echten Einwänden zu unterscheiden sind und Hintergründe aufgehellt werden können, wollen wir nun untersuchen.

Es ist eine menschliche Untugend, alles besser zu wissen, viel über alles sagen zu wollen — aber unverbindlich. Diese Unverbindlichkeit ist in der Entscheidungssituation verloren. Wir müssen Verantwortung tragen für das, was wir entscheiden, Farbe bekennen. Das Erfolgsrezept unserer Methode liegt darin, daß der Gesprächspartner durch die Beantwortung der Frage in Entscheidungsverantwortung genommen ist — natürlich nur hypothetisch (nicht wirklich).

Und dieser „Nicht-Wirklichkeitsfall" schließt den vom Kunden genannten Einwand aus (Problem fällt fort). Wie der Kunde, der mit Vorwänden arbeitet, dabei unter Druck gerät, wird uns das folgende Modell zeigen:

„Wenn wir einmal voraussetzen, das Problem der Beleuchtung fiele fort, würden Sie sich dann für diese Deckenkonstruktion entscheiden?"

Auf diese hypothetische Frage gibt es für den Kunden drei Antwortmöglichkeiten:

**1. „Ja, dann würde ich mich für Ihre Deckenkonstruktion entscheiden."**

Nun kennen wir seinen wirklichen Kaufwiderstand: das Beleuchtungsproblem. Wir müssen versuchen, durch Änderung entweder unserer Deckenkonstruktion oder der Kundenvorstellung auch in diesem Punkt Merkmale und Interessenlage zur Übereinstimmung zu bringen. Wenn wir das nicht tun, *kann* der Kunde nicht kaufen. Keine Silberzunge würde ihn dazu bewegen können, gegen seine Interessen zu handeln.

**2. Der Kunde könnte auch antworten: „Ja, wenn das Wenn und das Aber nicht wären ..."**

Politiker sagen nur, „dies ist eine hypothetische Frage" und lehnen die Beantwortung meist ab. Hieran erkennen Sie die Gefährlichkeit dieses Gesprächsmittels für den Partner, der seine wahren Absichten verschleiert.

**3. So kann eine Antwort aussehen, wenn es sich tatsächlich um einen Vorwand handelte: „Das kann ich noch nicht sagen, vielleicht entscheidet sich der Chef auch für eine billige Gipsdecke."**

Wenn der Kunde nicht mit „ja" antwortet, ist er aus Rechtfertigungsgründen gezwungen, weitere Argumente für seine Ablehnung zu nennen. Dies können auch noch Vorwände sein, aber wir stoßen weiter im Hintergrundgestrüpp seiner Interessenlage vor. An der dritten Antwort erkennen wir die Inkompetenz des Gesprächspartners.

Das Beispiel hat Ihnen die Funktionsweise der hypothetischen Frage deutlich gemacht. Ein weiteres Beispiel soll den Wert dieser Fragetechnik in der verkäuferischen Arbeit illustrieren:

Ein Kunde ist nicht zum Kauf eines optischen Meßgerätes aus Italien zu bewegen: „Ach, wissen Sie, diese unübersichtliche Bedienung...". Der Verkäufer hebt erneut an, die Vorteile gerade seiner Bedienung zu demonstrieren, obgleich der Kunde die Bedienung nur als Vorwand benutzte. Vielmehr ist der Grund seiner Ablehnung die italienische Herkunft des Gerätes, die ihn mangelnde Qualität und schlechten Service befürchten läßt. Diese Vermutung erscheint dem Kunden fast als Chauvinismus und so verschweigt er sie. Was nützt es da, Bedienungskomfort zu demonstrieren? Besser wäre es, dem Kunden mit der hypothetischen Frage „auf den Zahn zu fühlen":

„Lassen wir einmal die Bedienung beiseite, würden Sie dann diesem Gerät zustimmen?"
Wohlgemerkt, die hypothetische Frage dient nicht dazu, den Kunden zu überzeugen. Sie soll uns lediglich helfen herauszubekommen, *warum der Kunde „nein" sagt*. Diese Fragetechnik soll also nicht auf jeden Einwand verwendet werden, sondern nur auf solche, die uns unbegründet und unerklärlich erscheinen, bei denen wir dem Kunden mißtrauen. Nur das Gefühl, daß „etwas nicht stimmt", ist der Auslöser für die hypothetische Frage. Wer leichtgläubig ist und ungeprüft jeden Einwand des Kunden „für bare Münze" nimmt, wird dieses Gesprächsmittel also nicht brauchen.
Bis die hypothetische Frage allerdings an der richtigen Stelle richtig formuliert und mit den richtigen Inhalten versehen, plaziert werden kann, sind viele Übungen notwendig. Die Mühe lohnt aber.

## 9.5. Referenzen

Hinter vielen Schutzbehauptungen steckt die Unsicherheit des Kunden, der das Risiko eines Kaufs scheut. Dies ist besonders häufig der Fall, wenn es sich um den Kauf einer **Neuheit** handelt. „Verkäufer versprechen doch das Blaue vom Himmel. Denen glaube ich kein Wort. Hinterher klappt es nicht so, wie er sagt, und ich sitze allein mit dem Schlamassel da." So wirkt sich das Bild, das sich die Gesellschaft vom alles versprechenden und nichts haltenden Verkäufer macht, in den Gedanken des Kunden aus — Unsicherheit und Vertrauensmangel sind die natürlichen Folgen.
Haben sich nun durch die hypothetische Frage technische Einwendungen eines Kunden als unbefriedigtes Sicherheitsbedürfnis entpuppt, gilt es zunächst, seine Unsicherheit als Realität zu akzeptieren. Unsicherheit läßt sich nämlich nicht durch Worte beheben, schon gar nicht durch die eines Verkäufers. Auch Bagatellisieren hilft nicht weiter, wie wir schon wissen.

„Ich bin unsicher, denn ich vertraue Ihren Versprechungen nicht." Diesem nur selten offen ausgesprochenen Kaufhindernis ist am besten mit *Beweisen* zu begegnen. Der schlüssige Nachweis, daß mit dem Produkt anderswo schon gute Erfahrungen gemacht wurden, überzeugt. Das Unbekannte ist bereits erprobt. Referenzen sind das Mittel, mit dem der berechtigten Angst des Kunden beizukommen ist.
Das bekannteste Instrument, Referenzen zu geben, ist die sogenannte Referenzliste, eine tabellarische Aufstellung aller Käufer eines Produktes. Leider kann eine solche Liste nur sehr pauschale Eindrücke vermitteln. Sie gibt keine Auskunft über die Besonderheiten der verschiedenen Anwendungen. Auch hat der einzelne Verkäufer keine Beziehung zu den meisten der aufgeführten Namen. So ist die undifferenzierte Referenzliste nicht recht brauchbar, um unsicheren Gesprächspartnern Rückhalt zu geben. Vielmehr hat sie mit ihrem „Sieh' mal,

wer alles bei mir kauft" einen sicher unerwünschten Prahlhans-Effekt.

Ganz ähnlich verhält es sich mit Referenzschreiben, also mit Briefen, in denen andere Kunden ihre Zufriedenheit ausdrücken. Da sich derartige Briefe auch „besorgen" lassen, haben sie keine große Beweiskraft.

Wesentlich stärker wirkt es, wenn der Verkäufer einen *ähnlich gelagerten Fall aus seiner eigenen Praxis* kennt und zum Kunden sagen kann:

„Ich verstehe, daß Sie mehr Gewißheit haben möchten. Wie wäre es, wenn Sie einfach Herrn B. von Firma C. anriefen. Dort arbeitet so eine Anlage schon ein halbes Jahr. Warten Sie, ich gebe Ihnen die Rufnummer. Herr B. wird sich bestimmt gern mit Ihnen darüber unterhalten."

Welcher Kunde, dem es an Vertrauen mangelt, wird eine so angebotene Informationsquelle ausschlagen!?

---

Eine in dieser Form angebotene Referenz zündet: Vergleichbarer Anwendungsfall, Name, Firma und Rufnummer des Verantwortlichen und schließlich die Ermunterung, tatsächlich dort anzurufen.

---

Fotos, ganz besonders auch selbstgemachte, können die Wirkung noch unterstützen. Auch der gemeinsame Besuch bei einem anderen Kunden ist ein starkes Mittel, das Gefühl der Sicherheit herzustellen.

Zufriedene Kunden, die als Beweise für Vertrauenswürdigkeit dienen, sind demnach ein wichtiges verkäuferisches Argument auf den Einwand „Unsicherheit und Vertrauensmangel". So gewinnt die Arbeit am Kunden *auch nach der Auftragserteilung* eine große Bedeutung.

# 10. Der Kaufabschluß

In der Vorstellung vieler Verkäufer besteht eine enge Verwandtschaft zwischen Verkauf und Fuchsjagd. Während des Verkaufsgesprächs wird der Kunde „Fuchs" durchs Gelände gehetzt, bis seine Kräfte nachlassen. Dann wird er „gestellt" und als „krönender" Abschluß im richtigen Moment „abgeschossen". Dieses Bild vom kämpfenden Verkäufer, der seinen Kunden schließlich „besiegt", wird durch viele Verkäuferschulungen genährt. Ich halte den Vergleich für falsch. Das „Auf, auf, zum fröhlichen Jagen" ist sicher nicht förderlich, um die Situation am Ende des Verkaufsvorgangs hilfreich zu erhellen.

Vielleicht trifft dieses Bild auf den Verkauf eines gebrauchten Wagens oder eines Staubsaugers an der Wohnungstür zu, also dort, wo der Verkäufer dem juristischen Akt der Auftragserteilung beiwohnen kann. Aus eigener mehrjähriger Erfahrung und aus Gesprächen mit vielen erfolgreichen Verkäufern und Führungskräften im Verkauf habe ich den Eindruck gewonnen, daß Kaufentscheidungen industrieller Verbraucher fast nie in Gegenwart eines Verkäufers fallen. Versucht also ein Industrieverkäufer Abschlußmethoden des Direktverkäufers anzuwenden, dann *muß* er damit scheitern. Er sollte nicht versuchen, irgendwo gelernte Theorien zu praktizieren, sondern ein *seiner* Situation angepaßtes Verhalten anstreben. Hierzu muß er neben der eigenen Situation auch die *spätere* Entscheidungssituation auf der Kundenseite berücksichtigen. Wie kompliziert das zuweilen sein kann und wie mittelbar der Einfluß des Verkäufers ist, zeigt der folgende, in der Praxis geläufige Fall:

Die Kaufentscheidung fällt im Team. Ein aus mehreren Abteilungen zusammengesetztes Gremium befindet über den Kauf einer Maschine. Fünf Angebote liegen vor. Jede Offerte zeichnet sich durch besondere technische Feinheiten aus, und die Preise bewegen sich in einem Spielraum von etwa 5%. Der ursprüngliche Gesprächspartner der fünf Verkäufer spielt in dieser Entscheidungsgruppe eine untergeordnete Rolle. Er diente der Gruppe als Informationsträger, als der, der sich mit den Verkäufern „abgeben muß". Bei der Diskussion führt statt dessen ein schlechter informierter, aber dominanterer Kollege das Wort. In dieser Situation hat wohl der Verkäufer die besten Chancen, der den Informationsüberbringer seine Produkteigenschaften am besten gelehrt hat. Sein „Kaufabschluß" hatte allerdings nichts mit einer „Abschlußtechnik" zu tun. Er war vielmehr das Ergebnis einer guten Präsentation.

Abgesehen von den eben beschriebenen Einflüssen durch die Gruppe der Kollegen, fallen Kaufentscheidungen im Investitionsgütergeschäft fast immer auf der Basis vorliegender Produktinformationen nach weitgehend rationalen Überlegungen. Den „Konsumidioten", der aufgrund unterschwelliger Zuneigung zu psychologischen Produktbestandteilen (Jugendlichkeit, Vitalität, Repräsentation usw.) kauft, gibt es hier kaum. Auf ihn sollte deshalb eine Unterweisung technischer Verkäufer nicht gerichtet sein.

Wir müssen infolgedessen davon ausgehen, daß die Kaufentscheidung nicht durch die noch so gut gestellte Entscheidungsfrage fällt, wenn ihr nicht eine auf die Interessenlage des Kunden angepaßte Präsentation vorausging. Umgekehrt, wenn die Präsentation den Kunden überzeugte, kann der Kaufabschluß nur das folgende Ziel erreichen:

Die mündliche, juristisch nicht verbindliche

Zusicherung des Gesprächspartners, sich im Rahmen seiner Kompetenz für eine bestimmte Lösung einzusetzen. Kein Blattschuß. Aber immerhin ist er „im Wort", und eine spätere Änderung dieser Entscheidung fällt ihm schwerer. Hierauf zielen die folgenden Hinweise.

Zeitlich beginnt die Abschlußphase am Ende der Präsentation, nachdem Einigkeit über den Preis besteht. Wenn das Gespräch so weit gediehen ist, hat der Verkäufer oft das „Gefühl", daß sein Produkt gut ankommt. Am liebsten möchte er sich Gewißheit verschaffen (im Sinne unserer Zielsetzung), aber er traut sich nicht, die schroffe Kauffrage zu stellen. Was ihm fehlt, ist eine in der Form unverbindliche, aber in der Sache unzweideutige Formulierung, mit der er das Thema Kaufentscheidung zur Sprache bringen kann. Es kann darum schon eine große Hilfe sein, die folgende Frage einfach auswendig zu lernen:

„Ich glaube, alles gesagt zu haben. Herr Z., würden Sie mir ganz offen sagen, ob Sie mit irgendeinem Punkt nicht einverstanden sind? Oder sind alle Fragen geklärt?"

Wenn der Kunde tatsächlich noch Zweifel nennt, hat der Verkäufer den Vorteil, zu wissen, wo noch gearbeitet werden muß. Eigentlich sind in dieser Phase Zweifel aber unwahrscheinlich. Dann *muß* der Kunde antworten: „Nein, mir ist alles klar."

Aber warum dann noch diese Frage? Weil der Kunde durch seine Antwort nun in Rechtfertigungszwang genommen ist. Es fällt dem Verkäufer jetzt nicht mehr schwer, eine der folgenden Abschlußmethoden anzuwenden:

Zu Abwicklungsfragen übergehen

Das einfachste ist, aus dem gewünschten Liefer- oder Inbetriebnahmetermin und der Lieferzeit den notwendigen Bestelltermin

gemeinsam mit dem Kunden auszurechnen. Auch andere Abwicklungsfragen eignen sich zu einem solchen Gespräch, in dem der Kunde „festgenagelt" wird. Jeder Verkäufer mag sich für seine Zwecke selbst Inhalte ausdenken.

Schneller Entschluß bringt Vorteile

Gibt es Gründe, die eine schnelle Entscheidung des Kunden rechtfertigen? Wenn beispielsweise Preiserhöhungen bevorstehen oder die Lieferzeit lang ist, kann der Verkäufer einfach fragen:

„Die Lieferzeit für die komplette Anlage beträgt 12 Wochen, so daß Ihre Termine nur durch eine schnelle Entscheidung gehalten werden können. Wie schnell können wir Ihre Bestellung in Händen haben?"

Man kann natürlich auch — wie bei der Terminvereinbarung — eine

Alternativfrage stellen

„Sollen wir die Maschine in Stand- oder in Tischausführung liefern?"

Hierbei ist allerdings Vorsicht geboten. Aufmerksame Gesprächspartner durchschauen die Alternativfrage oft als „Falle", als Versuch, sie zu manipulieren. Darum muß die angebotene Alternative glaubwürdig sein und sich ganz natürlich ergeben.

In jedem Fall sollte dem Kaufabschluß im technischen Verkauf keine allzu große Bedeutung beigemessen werden.

# 11.  Zuviel versprochen?

Sehr zum Leidwesen von Kunde und Verkäufer werden nicht alle Aufträge reibungslos abgewickelt. Durch Planungsfehler entstandene Lieferverzögerungen, technische Defekte, die in der Endkontrolle der Fertigung übersehen wurden und Transportschäden machen dem Verkäufer das Leben schwer. So gilt es als normal, wenn bei 5 bis 10% der Auftragsabwicklungen Pannen auftreten.
Eine weitere Reduzierung der Störungen ist meist nicht wirtschaftlich. Zusätzliche Kontrollen, bessere Verpackung, gründlichere Planung und ähnliche Maßnahmen würden zwar zum Ziel führen, aber oft das Produkt zu sehr verteuern. So bleibt alles beim alten.

Die zwei Ziele „perfektes Produkt" und „niedriger Preis" lassen sich eben nicht gleichzeitig erreichen. Den schließlich gefundenen Kompromiß muß der Verkäufer akzeptieren und mit den daraus entstehenden Problemen fertig werden.

## 11.1.  Reklamationen

Im Falle einer Reklamation stellen sich für den Verkäufer zwei Aufgaben: Zum ersten muß er auf den oft ärgerlichen und ungeduldigen Kunden so eingehen, daß dessen Erregung abklingt, statt sich zum Eklat zu steigern. Zum zweiten muß er die beanstandeten Mängel so beseitigen, daß der Kunde wirklich zufrieden ist und sich trotz allem noch als Referenzkunde eignet. Wieder haben wir es mit den zwei Ebenen, der sachlichen und der emotionellen, zu tun.
Die sachliche Ebene einer Reklamation wirft kaum Probleme auf. Durch Reparatur oder Ersatzlieferung wird der beanstandete Mangel behoben. Schwieriger sieht es da mit dem ersten Teil der Aufgabe aus, der Auseinandersetzung mit dem verärgerten Kunden. Wie können wir dazu beitragen, daß seine Erregung abklingt, statt sich zu steigern?
Eine beliebte, jedoch ungeeignete Methode, auf Reklamationen zu reagieren, ist diese: Der Kunde wird durch Fragen „getestet", ob er den Schaden nicht durch falsche Bedienung selbst herbeigeführt hat. Ein solches Nachforschen kann zu einer Art Verhör ausarten: „Wieviel Volt haben Sie denn auf den Eingang gegeben?"
Der so gefragte Kunde merkt genau, daß das Gespräch darauf hinausläuft, ihm Fehler nachzuweisen. Nun muß er sich auch noch gegen den (versteckten) Vorwurf verteidigen, er habe an allem selbst Schuld! Kein Wunder, wenn er „hochgeht". Darum heißt die wichtigste Regel für das Gespräch mit dem reklamierenden Kunden:

> Versuchen Sie nicht, dem reklamierenden Kunden Fehler nachzuweisen. *Noch* nicht!

Natürlich verbirgt sich hinter mancher dramatisch vorgetragenen Beanstandung ein Bedienungsfehler des Kunden. Nach der Devise „Angriff ist die beste Verteidigung" versuchen Kunden gelegentlich, selbst verursachten Schaden als Reklamation zu deklarieren und die Reparaturkosten auf den

Lieferanten abzuwälzen. Darum sollte der Verkäufer *vor genauer Prüfung* der Angelegenheit *keine Zusagen machen.*

Statt dessen kann er dem Kunden Verständnis entgegenbringen und sein Bedauern ausdrücken. Darüber hinaus wirkt es beruhigend, wenn der Verkäufer eine prompte Bearbeitung der Reklamation zusichert und die Einzelheiten notiert. Dadurch vermittelt er dem Kunden das Gefühl, die Reklamation sei „angekommen". Der Kunde fühlt sich verstanden, und seine Erregung flaut ab.

## 11.2. Lieferverzögerungen

Auch in diesem Fall gewinnt der Affektdruck oft die Oberhand. Der Kunde schildert die ihm aus der Lieferverzögerung entstehenden Schwierigkeiten und läßt seinem Ärger freien Lauf. Da der Verkäufer eine termingerechte Abwicklung versprochen hatte, plagt ihn jetzt sein schlechtes Gewissen. Er kommt sich wortbrüchig vor und befindet sich hoffnungslos in der Defensive. Nachdem er die Beschwerde des Kunden entgegengenommen hat, revanchiert er sich für das ertragene Ungemach: Er beschwert sich im Stammhaus, indem er schimpfend seinen Ärger auf die Fertigung, die Abwicklung oder die ganze Firma richtet und den Schuldigen sucht. Doch wo gibt es bei betrieblichen Pannen schon *den* Schuldigen? Der Verkäufer wird leicht Opfer seiner Emotionen und ist dann kaum in der Lage, das beste aus der Situation zu machen.

Um bei allem verständlichen Ärger einen kühlen Kopf zu behalten, sollte sich der Verkäufer beim Gespräch mit dem Kunden bewußt machen, daß er selbst nicht für die Fehler anderer verantwortlich ist. Ein Verkäufer, der sich für die fehlerlose Arbeit der Auftragsabwicklung, der Fertigung und schließlich auch des Versandes gegenüber dem Kunden verantwortlich fühlt, leidet an „Überverantwortlichkeit", denn er kann auf diese Abteilungen ja keinen Einfluß ausüben. Es wäre für ihn leichter, wenn er sich lediglich als *Vermittler* zwischen Kunde und Hersteller verstünde und Verantwortung nur da übernimmt, wo er den Lauf der Dinge beeinflussen kann, wo er also auch verantwortlich ist. Darum:

> Übernehmen Sie keine persönliche Verantwortung für Dinge, die Sie nicht beeinflussen können.

Wer mit dieser Einstellung Lieferverzögerungen bearbeitet, leidet weniger unter seinem Affektdruck und kann dem Kunden deshalb freier und sachlicher begegnen. Er kann den Ärger des Kunden besser akzeptieren, weil er ihn nicht auf seine Person bezieht.

Aber schon im Verkaufsgespräch muß der Verkäufer darauf achten, daß er sich nicht freiwillig in Überverantwortlichkeit begibt: „Herr K., Sie können sich darauf verlassen: Die Lieferung kommt Woche 36. Garantiert!"

Sogar, wenn die genannte Lieferzeit realistisch ist, hat der Verkäufer mehr versprochen, als er selbst halten kann. Besser wäre gewesen, er hätte gesagt: „Die Lieferzeit beträgt zur Zeit 6 Wochen. Nach menschlichem Ermessen wird die Ware rechtzeitig eintreffen."

In diesem Fall hat der Verkäufer keine persönliche Verantwortung übernommen, ohne daß deswegen die Lieferzeitangabe weniger glaubwürdig wäre.

Freilich erliegen viele Verkäufer der Versuchung, mehr zu versprechen, als die *normale* Leistungsfähigkeit des Unternehmens halten kann — nur, um einen Auftrag zu bekommen. Dann ist die spätere unangenehme Auseinandersetzung mit dem Kunden einprogrammiert, allerdings vom Verkäufer selbst verschuldet. Also:

> Versprechen Sie nicht mehr, als Sie halten können.

Viele Kunden versuchen, eine kürzere Lieferzeit zu erhandeln: „Wir brauchen die Teile unbedingt in 4 Wochen! Sonst brauchen wir gar nicht erst zu bestellen." Dieses Bestreben sollte der Verkäufer abwehren wie einen unnötigen Rabatt. Die Gesprächsmethoden hierzu entsprechen ganz genau denen des Preisgesprächs: Nicht nur nein sagen, sondern begründen, *warum* solche Zugeständnisse nicht gemacht werden können: „Die Lieferzeit beträgt erfahrungsgemäß 5 Wochen. Es wäre Ihnen doch wirklich nicht geholfen, wenn ich jetzt sage, es ginge vielleicht schneller, und nachher klappt es dann doch nicht."

Je mehr es dem Verkäufer gelingt, *realistische* Lieferzeiten zu „verkaufen", desto seltener muß er sich mit verärgerten Gesprächspartnern auseinandersetzen. Er wird es indes nicht ganz vermeiden können, und darum befaßt sich der letzte Hinweis mit dem eingetretenen Fall:

Firma E. liefert Regale. Sie hat den Auftrag erhalten, für einen Autohändler das Ersatzteillager im neu erbauten Betrieb einzurichten. Bei der Auftragserteilung wurde eine Frist von 10 Wochen für Lieferung und Montage vereinbart. Der Autohändler setzt die Eröffnung seines neuen Betriebes sicherheitshalber auf einen Termin 4 Wochen nach der Fertigstellung des Lagers. Die Betriebseröffnung soll eine ganz große Werbeaktion werden: Presseempfang, kaltes Büfett, feierliche Reden, Schlüsselübergabe, Freibier, Betriebsbesichtigungen, Probefahrten — ein großes Projekt. Zwei Wochen vor diesem Festtag stellt der von Terminen gehetzte Autohändler fest, daß von den Regalen noch nichts zu sehen ist. Der Verkäufer von Firma E. wußte schon seit langem, daß sich die Fertigstellung des Lagers um 5 Wochen verschiebt, weil in der Produktion Maschinen ausgefallen sind. Aber er wagte nicht, dem Kunden die Verzögerung mitzuteilen. „Schlafende Hun-

de soll man nicht wecken", tröstete er sich. Nun ruft ihn der Kunde verärgert an. Der Verkäufer stellt sich überrascht und verspricht Klärung, wohl wissend, daß nichts mehr zu ändern ist. Die Situation ist verfahren, der Eklat unvermeidlich.

Einmal wurde die Chance vertan, den Schaden durch frühzeitige Information zu begrenzen, zum anderen besteht nun auch keine Hoffnung mehr auf eine konstruktive Zusammenarbeit in dieser Krisensituation. Diese Hoffnung wäre jedoch geblieben, wenn der Verkäufer rechtzeitig gesagt hätte:

„Herr S., wir hatten die Lieferung der Regale für die übernächste Woche vorgesehen. Nun ist da ein Unglück passiert: Zwei Maschinen der Bodenfertigung sind ausgefallen, und wir müssen mit einer Verschiebung der Montage um weitere 5 Wochen rechnen. Das ist schlimm, aber wir sehen keinen Ausweg. Was kann getan werden, um den Schaden so gering wie möglich zu halten?"

Der Verkäufer ist offensiv und konfrontiert den Kunden frühzeitig mit den Tatsachen. So besteht die berechtigte Chance auf ein konstruktives Gespräch über Lösungsmöglichkeiten. Die Verärgerung des Kunden wird damit zwar nicht vermieden, aber es kommt nicht zum Eklat. Als Regel können wir also festhalten:

> Lieferverzögerungen dem Kunden frühzeitig und offensiv mitteilen.

Voraussetzung hierzu ist natürlich, daß der Verkäufer über zu erwartende Terminverschiebungen informiert wird. In vielen Unternehmen sieht es da schlecht aus: Er erfährt erst durch den Kunden vom Ausbleiben der erwarteten Sendung, wenn das Kind schon in den Brunnen gefallen ist. Dann sollte es das Bestreben der Verkaufsabteilung sein, eine Änderung der Auftragsabwicklung herbeizuführen, um die Information des Verkäufers zum frühestmöglichen Zeitpunkt sicherzustellen.

## Produktinformationen sammeln und werten

Was kann mein Produkt mehr oder besser als das der Konkurrenz?
Was kann mein Produkt genauso gut wie das Konkurrenzprodukt?
Welche Zubehör- und Ergänzungsmöglichkeiten bietet mein Produkt?

## Vereinbaren Sie Termine

Konzept für die telefonische Terminvereinbarung:

Name, Firma, Begrüßung
*
Thema nennen, Quittung abwarten
*
Kunden auf „ja" einstimmen *(Problemdefinition)*
Ziel angeben *(Problemlösung)*
*
Besuch begründen
Unverbindlichkeit erwähnen
Besuchsdauer angeben
Terminalternative vorschlagen
*

\* = Kunde kommt zu Wort

## Der Werbebrief

Werbebriefe möglichst namentlich adressieren.
Am Anfang des Briefes das Thema nennen.
Der Brief sollte kurz und stark gegliedert sein.

## Interessenlage aufdecken

Schlüsselwörter für W-Fragen:
    wie
    wo
    was
    wann
    welche
    warum ...

Der Frageinhalt leitet sich von drei Komplexen ab:
1. Was *braucht* der Kunde?
2. Welche meiner Unterscheidungsmerkmale sind für den Kunden interessant?
3. Welche Eigenschaften meines Produktes werden den Kunden *nicht* interessieren?

## Erfolgswahrscheinlichkeit prüfen

Erforschen Sie möglichst frühzeitig, ob Ihr Gesprächspartner in „Ihre" Marktlücke gehört oder ob Sie bei ihm geringere Erfolgswahrscheinlichkeit haben. Dann ist Ihre Zeit woanders besser angelegt.

## Präsentation des Produktes

Argumentieren Sie nicht, wenn Sie illustrieren können.
Illustrieren Sie nicht, wenn Sie demonstrieren können.

Immer, wenn der Kunde signalisiert, daß er etwas „auf der Zunge hat", den eigenen Redefluß unterbrechen und ihm Gelegenheit geben, sich mitzuteilen.

Konzentrieren Sie sich auf die **kaufentscheidenden** Produkteigenschaften!

Gesprächsregel für die Präsentation:
1. Thema
2. Funktion
3. Schweigen offenen Blicks
4. Auswirkungen

## Präsentation des Unternehmens

1. Die Produktgruppen des Unternehmens
2. Die Dienstleistungen des Unternehmens
3. Die Fähigkeiten des Unternehmens

## Präsentation des Preises

Möglichst an den Techniker verkaufen!
Vom Preis erst reden, wenn das Produkt „angekommen" ist.
Preis in Vorteile einpacken.
Besonders niedrigen Preis begründen.
Das wesentlich billigere Konkurrenzangebot in eine andere Kategorie verweisen.
Bei geringen Preisunterschieden zum Wettbewerb mit der Preis*differenz* argumentieren.
Die Ablehnung von Rabatt und Skonto immer begründen. Notfalls fünfmal.

## Einwandbehandlung

Echtheit und Selbstkongruenz!
Was sagt er? Warum sagt er das?
Widersprechen Sie nicht!
Weisen Sie niemandem Fehler nach!
Bagatellisieren Sie keine Einwände!

Ja-und-Methode

Das Gespräch über Nachteile so kurz und unauffällig wie möglich halten:
Einwand vorwegnehmen,
Nachteil zugeben und dann schweigen.

Die hypothetische Frage:
Lassen wir einmal das Problem der Beleuchtung beiseite. Würden Sie sich sonst für diese Deckenkonstruktion entscheiden?

## Referenzen

Eine in dieser Form angebotene Referenz stellt Vertrauen her:
Vergleichbarer Anwendungsfall, Name, Firma und Rufnummer des Referenzkunden und schließlich die Ermunterung, tatsächlich dort anzurufen.

## Reklamationen

Versuchen Sie nicht, dem reklamierenden Kunden Fehler nachzuweisen. *Noch* nicht.
Zeigen Sie statt dessen Verständnis für den Ärger des Kunden und versprechen Sie eine prompte Bearbeitung der Angelegenheit.

> Versprechen Sie nicht mehr, als Sie halten können.
> Übernehmen Sie keine persönliche Verantwortung für Dinge, die Sie nicht beeinflussen können.
> Teilen Sie Lieferverzögerungen dem Kunden so früh wie möglich mit.
> Gehen *Sie* in die Offensive.

# II Übungsteil

Bei der Lektüre dieses Buches wird mancher Leser seine eigenen Verhaltensweisen — im guten wie im schlechten — wiedererkannt haben. Die Struktur der vielleicht jahrelang ausgeübten Tätigkeit wird ihm nun deutlicher geworden sein. Das allein genügt indes nicht, um die tagtäglich praktizierten Arbeitsweisen auch wunschgemäß zu verändern. Hierzu empfehle ich dem Leser, das Buch noch einmal gründlich durchzuarbeiten und dabei die ihm als besonders nützlich erscheinenden Ideen herauszugreifen. Ferner gebe ich den Rat, nicht alles auf einmal anwenden zu wollen: Wer bei jedem Besuch nur jeweils *eine* neue Methode oder Regel anwendet und so Stück für Stück auf der bisher gesammelten Erfahrung aufbaut, kommt weiter als jener, der, seine bisherige Erfahrung verleugnend, alles auf einmal erneuern will.

Das folgende Frage-Antwort-Spiel kann dabei eine wertvolle Hilfe sein. Es besteht aus 28 Fragen mit unterschiedlichem Schwierigkeitsgrad. Teilweise wird dabei theoretisches Wissen abgefragt, teilweise werden Formulierungs- und Entscheidungsübungen angeboten. Sie werden erkennen, wie schwierig es manchmal ist, die Kluft zwischen theoretischem *Wissen* oder zuweilen simpelsten *Ideen* und dem *Tun* zu überbrücken.

Die im Anschluß an die Fragen gegebenen Antworten gehen, wenn es notwendig ist, auch auf mögliche Falsch-Antworten ein und fördern so noch das Verständnis der jeweiligen Gesprächsmethoden. Hierfür ist auch im Anschluß an jede Antwort in Klammern das Kapitel angegeben, in dem der entsprechende Lernstoff behandelt wurde.

Es wird nützlich sein, wenn Sie Ihre Antworten schriftlich festhalten, vor allem dann, wenn es sich um Formulierungsaufgaben handelt. Ferner empfehle ich, sich an die Reihenfolge der Fragen zu halten und von der Reihenfolge der Nummern abzusehen. Um zu vermeiden, daß man beim Nachschlagen einer Lösung die nächste Antwort schon mit schnellem Seitenblick liest, sind die Lösungen in anderer Reihenfolge geordnet als die Aufgaben. Die fortlaufende Numerierung erleichtert das Auffinden der Lösungen.

## Fragen

**1.**
Die Vorteilliste ist der Spickzettel des Verkäufers. Aus welchen Themenkreisen setzt sich diese Verkaufsunterlage zusammen?

**14.**
Jeder Besuch soll durch vernünftige Inhalte begründet sein. Was muß der Verkäufer, speziell bei Kontakt- und Werbebesuchen, dabei besonders berücksichtigen?

**6.**
Wann und warum soll der Verkäufer die Erfolgswahrscheinlichkeit prüfen?

**21.**
Die Terminvereinbarung fällt leicht, wenn der Kunde von sich aus am Besuch des Verkäufers interessiert ist. Welche vier Mittel führen den Verkäufer auch in schwierigeren Fällen zum Ziel?

**3.**
Gewährleistet die namentliche Adressierung der Werbebriefe den Erfolg einer Direktwerbe-Aktion?

**18.**
Warum muß der Verkäufer die Interessenlage des Kunden kennen?

**27.**
Woraus besteht die Interessenlage des Kunden? Nennen Sie die beiden Hauptkomplexe.

**10.**
Wie kann ein Verkäufer den Gesprächspartner zum Reden und ausführlichen Schildern veranlassen?

**13.**
Welcher Unterschied besteht zwischen Vorteil und Nutzen?

**8.**
Worauf sollen die W-Fragen in der Stufe *Interessenlage aufdecken* zielen?

**24.**
Wie heißen die vier Bedürfniskategorien, die den Kauf technischer Produkte beeinflussen?

**16.**
Diese Aufgabe erscheint Ihnen vielleicht zu einfach. Tatsächlich gelingt es aber nur ganz selten, sie vollständig richtig zu lösen. Stellen Sie sich vor, Sie sind ein Verkäufer von Fotogeräten, und denken Sie an eine ganz bestimmte Kamera. Sie sind in der Stufe *Interessenlage aufdecken* und sollen nun *6 problemorientierte W-Fragen* an einen Kunden richten. Eine kleine Hilfe: Fragen Sie nicht nach „Kameraeigenschaften", sondern nach „Fotografieren".
Schreiben Sie alle W-Fragen auf einen Zettel, damit Sie sie nachher in Ruhe bewerten können.

**4.**
Was ist eine Marktlücke?

**20.**
Womit kann erhöhte Erfolgswahrscheinlichkeit begründet sein? Nennen Sie zwei Gründe.

**12.**
Wie kann der Verkäufer in der Präsentation gewährleisten, daß Mißverständnisse erkannt und daraufhin ausgeräumt werden können?

**26.**
Wie lautet die Gesprächsregel zur Präsentation?

**2.**
Welchen Zweck erfüllt die Funktionsbeschreibung?

**22.**
Wann wird die Gesprächsregel zur Präsentation angewendet?

**9.**
Wozu ist die Präsentation des Unternehmens gut?

**25.**
Nennen Sie die drei Themenkreise, aus denen sich die Präsentation des Unternehmens herleitet.

**5.**
Die erste Regel zum Preisgespräch hieß: Möglichst an den Techniker verkaufen! Wissen Sie noch, warum?

**17.**
Ein Konkurrenzprodukt hat einen geringfügig niedrigeren Preis als Ihr Produkt. Wie argumentieren Sie?

**28.**
Ein Kunde sagt: „Bei Ihrem Tastenfeld finde ich nicht gut, daß man zum Auswechseln der Lampen ein besonderes Werkzeug braucht." Dabei hat das Spezialwerkzeug gerade den Vorteil, daß ein Unbefugter das Tastenfeld nicht demontieren kann. Schreiben Sie Ihre spontane Antwort auf den Kundeneinwand nieder.

**7.**
Wie kann ein Verkäufer verhindern, daß Nachteile im Gespräch großen Raum einnehmen?

**15.**
Formulieren Sie die hypothetische Frage auf diesen Einwand: „Die Farbe Ihres Punktdruckers paßt einfach nicht in unsere Schalttafel."

**23.**
Welchen Sinn haben Referenzen?

**11.**
Ein Kunde ruft Sie wütend an, weil ihm durch eine defekte Lieferung große Schwierigkeiten entstanden sind. Was unternehmen Sie zur Klärung des Falles als erstes?

**19.**
Viele Verkäufer haben beträchtlichen Ärger in Verbindung mit Lieferverzögerungen. Zwei Fehler des Verkäufers tragen oft zu den Schwierigkeiten noch bei. Wissen Sie, welche es sind?

## Antworten

**1.**
Die Vorteilliste enthält die Unterscheidungsmerkmale des Produktes, seine sonstigen Eigenschaften und Vorteile (die manche Wettbewerbsprodukte auch haben) und seine Zubehör- und Ergänzungsmöglichkeiten. (2.2)

**2.**
Die Funktionsbeschreibung ist die *Beweisführung* in der Präsentation. Darüber hinaus bewirkt sie beim Kunden ein unbewußtes Besitzergreifen, wenn dieser dabei etwas interessantes Neues lernt. (6.3)

**3.**
Nein, zusätzlich wird der Erfolg durch die Form des Schreibens und dessen sachlichen Inhalt mitbeeinflußt. (3.5)

**4.**
Eine Marktlücke ist ein Teilmarkt, der an ein bestimmtes Produkt spezielle Anforderungen stellt. Ein Produkt, das sich gegenüber dem Wettbewerb darin unterscheidet, daß es auf diese Anforderungen mit entsprechenden Eigenschaften eingeht, ist dort vermindertem Konkurrenzdruck ausgesetzt. (5)

**5.**
Weil meist nur der Techniker in der Lage ist, ein technisches Produkt ganz zu verstehen und in bezug auf Anwendung, Preis und Konkurrenz richtig zu bewerten. (8.3)

**6.**
Sie soll geprüft werden, sobald die Interessenlage des Kunden genauer bekannt ist, damit sich die Arbeitszeit des Verkäufers auf die relativ erfolgswahrscheinlichsten Projekte richtet. (5)

**7.**
Er kann die Nachteile von sich aus vorweg zur Sprache bringen oder, wenn der Kunde einen Nachteil entdeckt, diesen schlicht zugeben und dann schweigen. (9.3)

**8.**

Auf die Problemstellung des Kunden, nicht aber auf das zu verkaufende Produkt: „Was *braucht* der Kunde?" und nicht „Was *will* er?" (4.1.2)

**9.**

Weil Nutzen, der mit dem Produkt nicht viel, mit dem Unternehmen aber direkt zusammenhängt, oft kaufentscheidend ist, besonders dann, wenn sich das Produkt selbst vom Wettbewerb nur wenig unterscheidet. (7)

**10.**

Durch das Stellen von W-Fragen und die Bereitschaft, den anderen verstehen zu wollen. (4.1 und 4.2)

**11.**

a) Die Schwierigkeiten herunterspielen. Falsch!
b) Ratschläge geben, wie die Probleme gemindert werden können. Falsch!
c) Auf die sachlichen Aussagen des Kunden eingehen, um eine Lösung herbeizuführen. Falsch!
d) Durch gezielte Fragen die Ursachen der Panne herausfinden. Falsch!

Einzig richtig: Versuchen, den Ärger des Kunden zu verstehen und ihm dieses Verständnis zeigen: „Ich kann Sie gut verstehen. Da ist ja eine unangenehme Situation entstanden..."
In kurzer Zeit wird sich der Gesprächspartner beruhigen, so daß er bereit ist, ein sachliches Gespräch im Sinne des obigen Punktes c, später auch d, zu führen. (11.1)

**12.**

Indem er den Kunden durch „Schweigen offenen Blicks" ständig zu Wort kommen läßt und so „Zweiweg-Kommunikation" praktiziert. (6.2.2)

**13.**

Ein Vorteil ist objektiv feststellbar, aber nur der Nutzen wird von dem jeweiligen Kunden auch „genutzt". Der Nutzen ist kaufentscheidend. (4.1.2)

**14.**

Der Verkäufer muß die wahrscheinlichen Interessen des Kunden berücksichtigen. Ist der Besuch auch aus der Sicht des Kunden vernünftig? (2.1 und 3.1)

**15.**

„Lassen wir einmal das Problem der Farbe beiseite. Trifft der Drucker sonst Ihre Vorstellungen?" So gestellt wäre die hypothetische Frage richtig.
Falsch hingegen wäre diese Fragestellung: „Setzen wir einmal voraus, wir liefern den Drucker in der Farbe Ihrer Schalttafel. Würden Sie dann zustimmen?" Hierbei wurde das „Problem der Farbe" nicht *ausgeklammert*, sondern hypothetisch *gelöst*. Der Kunde könnte antworten: „Das wäre besser. Bringen Sie mir doch mal ein Muster." Damit hält er seinen Schutz aufrecht, und der Verkäufer verursacht unter Umständen unnötigen Aufwand durch die Bereitstellung eines Musters. (9.4)

**16.**

Zunächst streichen Sie alle Fragen durch, die sich mit „ja" oder „nein" beantworten lassen: *„Würden* Sie lieber...?" oder *„Wäre* Ihnen...?" sind definitionsgemäß keine W-Fragen.
Ferner sind solche Fragestellungen falsch, die nach Kameraeigenschaften fragen: Welches Format möchten Sie am liebsten? Wie denken Sie über die Suchereigenschaften? Was halten Sie von Wechselobjektiven? In diesen Fällen wird der Kunde gezwungen, wertend zu Eigenschaften des Produktes Stellung zu nehmen. Seine Antworten geben Auskunft über das „Was *will* der Kunde?"
Wir wollen aber erfahren, was er *braucht*, wie sein Problemhintergrund aussieht. Richtig sind darum solche Fragen: Womit haben Sie bisher fotografiert? Was möchten Sie vor allem fotografieren? Wer soll die Kamera außer Ihnen noch bedienen können? usw.
Die W-Frage ist in der Theorie sehr einfach. Diese kleine Übung hat Ihnen vielleicht

gezeigt, wie weit Wissen und Tun manchmal auseinanderklaffen. Das echte Verkaufsgespräch ist noch schwieriger als diese „Trockenübung". (4.1, 4.1.1 und 4.1.2)

**17.**
Falsch wäre es natürlich, die Konkurrenz schlecht zu machen. Richtig hingegen, die *Preisdifferenz* ins Verhältnis zu Ihrem Zusatznutzen zu stellen. (8.3)

**18.**
Weil sie die Grundlage der Kaufentscheidung bildet. (4)

**19.**
1. Fehler: Der Verkäufer verspricht mehr, als die *normale* Leistungsfähigkeit seines Unternehmens halten kann.
2. Fehler: Er übernimmt persönliche Verantwortung für Dinge, die er nicht beeinflussen kann. (11.2)

**20.**
Durch Unterscheidungsmerkmale zum Wettbewerb und eine in der Vergangenheit bewährte Zusammenarbeit. (5)

**21.**
Besuch begründen, Besuchsdauer angeben, Unverbindlichkeit erwähnen und Terminalternative vorschlagen. (3.1)

**22.**
Sie wird nur bei den kaufentscheidenden Produkteigenschaften angewendet. Sonst entwickelt sich das Gespräch spontan. (6.3)

**23.**
Referenzen befriedigen das Sicherheitsbedürfnis und helfen dadurch bei Vertrauensmangel. (9.5)

**24.**
Geltungs- und Machtstreben, Sicherheitsbedürfnis, Gewinnstreben, Bequemlichkeitsstreben. (4)

**25.**
1. Die Produktgruppen des Unternehmens
2. Die Dienstleistungen des Unternehmens
3. Die Fähigkeiten des Unternehmens (7)

**26.**
1. Thema
2. Funktion
3. Schweigen offenen Blicks
4. Auswirkungen (6.3)

**27.**
Die Interessenlage besteht aus den sachlichen Fragen der Investitionsentscheidung und der persönlichen Motivation der entscheidenden Personen. (4)

**28.**
Liegt Ihrer Antwort das Konzept der „Ja-und-Methode" zugrunde? Dann war es richtig.
Aber prüfen Sie, wie knapp oder wie ausführlich Sie das Verständnis für den Kundeneinwand ausdrückten. Oder fiel Ihnen der zweite Teil der Antwort, dem *Ja* das *Und* an die Seite zu stellen, schwerer?
Eine ausgewogene Antwort könnte so aussehen: „Richtig. Man braucht diese Spezialzange unbedingt, um eine Tastenkappe zu ziehen. Das hat den Vorteil, daß kein Unbefugter das Tastenfeld kaputtspielen kann." (9.2)

# Stichwortverzeichnis